我国养老体系完善与养老产业发展研究

Pension System Improvement
and
Pension Industry Research in China

邹继征 著

新星出版社 NEW STAR PRESS

《中国建投研究丛书》编审委员会

主　编：万建发

副主编：张志前

编　委：万树斌　李纪军　喇绍华

总 序

一千多年前，维京海盗抢掠的足迹遍及整个欧洲。南临红海，西到北美，东至巴格达，所到之处无不让人闻风丧胆，所经之地无不血流成河。这个在欧洲大陆肆虐整整三个世纪的民族却在公元1100年偃旗息鼓，过起了恬然安定的和平生活。个中缘由一直为后人猜测、追寻，对历史的敬畏与求索从未间歇。2007年，维京一个山洞出土大笔财富，其中有当时俄罗斯、伊拉克、伊朗、印度、埃及等国的多种货币，货币发行时间相差半年，"维京之谜"似因这考古圈的重大发现而略窥一斑——他们的财富经营方式改变了，由掠夺走向交换；他们学会了市场，学会了贸易，学会了资金的融通与衍生——而资金的融通与衍生改变了一个民族的文明。

投资，并非现代社会的属性；借贷早在公元前1200年到公元前500年的古代奴隶社会帝国的建立时期便已出现。从十字军东征到维京海盗从良，从宋代的交子到曾以高利贷为生的犹太人，从郁金香泡沫带给荷兰的痛殇到南海泡沫树立英国政府的诚信丰碑，历史撰写着金融发展的巨篇。随着现代科学的进步，资金的融通与衍生逐渐成为一国发展乃至世界发展的重要线索。这些事件背后的规律与启示、经验与教训值得孜孜探究与不辍研习，为个人、企业乃至国家的发展提供历久弥新的助力。

所幸更有一批乐于思考、心怀热忱的求知之士勤力于经济、金融、投资、管理等领域的研究。于经典理论，心怀敬畏，不惧求索；于实践探索，尊重规律，图求创新。此思索不停的精神、实践不息的勇气当为勉励，实践与思索的成果更应为有识之士批判借鉴、互勉共享。

调与金石谐，思逐风云上。《中国建投研究丛书》是中国建银投资有限责任公司组织内外部专家在瞻顾历史与瞻望未来的进程中，深入地体察和研究市场发展及经济、金融之本性、趋向和后果，结合自己的职业活动，精制而成。《丛书》企望提供对现代经济管理与金融投资多角度的认知、借鉴与参考。如果能够引起读者的兴趣，进而收获思想的启迪，即是编者的荣幸。

是为序。

张睦伦

2012年8月

编辑说明

中国建银投资有限责任公司投资研究院（简称建投研究院）重点围绕经济社会发展、市场趋势及投资热点问题，组织开展研究，促进学术交流，培养专业人才，提供优秀的研究成果，为投资研究和经济社会发展贡献力量。

《中国建投研究丛书》收录建投研究院内外部专家的重要研究成果，按不同专辑系列化出版，每个专辑聚焦于一个特定的领域或主题，逐步丰富完善。目前策划组织出版的专辑包括"企业管理"、"区域经济"、"产业经济"、"金融创新"、"前沿问题"等。希望通过研究丛书的编写和出版，为政府相关部门、企业、研究机构以及社会各界读者提供参考。

本专辑主题为"产业经济"，主要辑录关于产业结构、产业组织、产业发展、产业布局和产业政策等方面的理论方法和研究成果，重点关注的主题有文化传媒、医疗产业、养老产业、现代农业、节能环保产业等。

本研究丛书仅代表作者本人或研究团队的观点，文责自负。文章中若有不妥、甚至错误之处，欢迎广大读者批评指正。

目 录

第一章　我国社会经济发展与人口老龄化趋势 004
　第一节　我国社会发展情况 004
　第二节　我国的经济环境 011
　第三节　我国人口规模及结构分析 033
　第四节　我国人口老龄化进程 039

第二章　养老体系概述 050
　第一节　养老体系及理念 050
　第二节　我国养老体系的形成、发展历程 053
　第三节　养老事业与养老产业 056
　第四节　重构我国养老体系，需要理念和机制创新 058

第三章　我国养老管理体系 068
　第一节　我国养老管理体制的改革与现状 068
　第二节　我国老年服务管理体制的主要问题 071
　第三节　我国养老管理体制改革的思路与建议 075

第四章　我国养老保险保障体系 080
　第一节　概述 080
　第二节　存在的问题 102
　第三节　建议 108

第五章　养老产业体系与模式 112
　第一节　养老产业概念 112

  第二节 养老产业体系和产业链.................................113
  第三节 养老模式及特点...115
  第四节 养老产业分类...129

第六章 我国养老产业发展、特征和作用.....................133
  第一节 我国养老产业形成过程.....................................133
  第二节 我国养老产业发展现状.....................................135
  第三节 我国养老的主要模式.......................................138
  第四节 我国养老产业面临的人口背景特点.............................143
  第五节 我国养老产业目前发展的特点.................................145
  第六节 我国发展养老产业的作用...................................150

第七章 我国养老产业市场分析...............................156
  第一节 我国养老服务市场特征.....................................156
  第二节 我国养老市场规模...156
  第三节 我国养老服务市场发展趋势.................................159
  第四节 我国养老产业和市场存在的问题.............................160
  第五节 我国养老市场健康发展的建议...............................165

第八章 我国养老产业投资机遇分析...........................167
  第一节 我国养老产业行业投资概况.................................167
  第二节 养老产业的投资逻辑.......................................169

第九章 我国养老产业的发展重点、关注方向...................181
  第一节 我国居家养老服务的发展...................................181
  第二节 我国民办养老服务机构的发展...............................191
  第三节 医养结合服务模式探讨.....................................198
  第四节 新兴技术对养老服务以及产业的影响.........................207

结语...225

前 言

《周礼·地官·大司徒》:"以保息六养万民:一曰慈幼,二曰养老……"唐张说《让右丞相表》之二:"臣幸沐遗簪堕履之恩,好生养老之德,朝游简牍,暮对图书。"我们来到这个世界,可能唯一不需要努力就可以得到就是衰老。新陈代谢,每个人都会走过从出生到衰老的人生旅程,这是千古不变的自然法则。

到目前为止,全球人口已经超过70亿。其中60岁以上的人口有8.93亿,占12.76%,到本世纪中叶,老龄人口将增加到24亿,占比超过25%。人口数字在持续攀升,生育率却在逐渐下降,人口老龄化将成为全球性的困境。

为什么会出现这种现象?其背后有社会宗教、文化和经济等各方面的因素。从文化层面来看,几千年来以家庭为核心的生产方式所产生的孝道精神,从道德层面约束着子女对父母及其他长辈负有反哺责任,而现代社会强调个人权利及独立意志,从文化根基上模糊了子女和父母之间的伦理制约,"人口"生产者无论从法律层面还是从道德文化层面,与其"产品"之间都不再存在有保障的利益回报机制。从经济层面看,现代经济制度安排决定了"物品"的生产者可以通过产权制度得到充分的利益回报,而"人口"的生产者(父母)对其"产品"(子女)却无法拥有类似于私人财产的支配权和收益权。因此,减少人口的生产就不可避免地成为人类共同的选择。

从经济学的角度看,生育率下降、人口再生产规模萎缩主要缘于以下几个直接因素:

第一,人口生产的收益社会化。随着城市化进程加快,大量年轻人口从农村流向城镇,"老有所养"逐渐成为一个社会的制度安排,而不再是依靠家族的香火传承。随着税收制度、养老制度等一系列社会再分配制度的完善,人口再生产的外部效应不断加强,年轻人口成为社会的公共产品,对社会的公共税收贡献永远大于对其家庭长辈养老的直接贡献。现代城市中,大部分退休老人是靠退休金、养老保险金和个人积蓄生活,依靠子女赡养的成分越来越少,生育子女的收益主要体现为情感愉悦,经济上的代际回馈即养老补偿作用大为弱化。

第二,人口生产的成本不断提高。现代社会人口生产的成本绝大部分由家庭承担。经济越是发达,女性受教育程度越高,就业收入也越高。怀孕、生产及哺乳对高学历、高收入和高职位女性的影响相对较大,其生育子女的机会成本和经济代价远远高于农村妇女和家庭妇女。根据《2011年世界人口状况报告》,到本世纪中叶,城市人口将占全部人口的一半左右。城市人口比重上升,受教育程度和就业比例的不断提高,必然带来家庭生育子女成本的普遍上升。农村孩子多,越是低收入家庭孩子越多,主要是因为生育子女的成本低。

以上两个方面综合在一起,形成人口生育率下降的关键:养育子女的成本和收益不对称。人类的生产、创造活动分两大类,一类是物质和精神产品的生产、创造,在这个领域,产权制度和专利制度保护了生产者对其产品的支配权和收益权;另一类是人口生产,生儿育女的父母对其产品——子女既不能享有支配权也不能享有收益权,儿童、年轻人都是社会的公共产品,优秀人才是社会的共有财富。社会越是发达,子女的公共产品属性越强,养育子女方面成本和收益的不对称程度也就越严重。

从经济人自利的理性出发,家庭人口再生产的意愿自然不断下降,所以，即便没有像我国"计划生育"这样的人口控制政策，女性的生育率依然在逐渐下降，家庭人口不断减少。这是"公共产品私人供给"导致的必然结果。

既然是经济因素导致人口老龄化成为世界性的难题，缓解这个问题的根本手段，自然是社会的制度安排和利益引导。

人口的繁衍不仅是人类作为整体持续生存的自然基础，同时也是经济社会正常发展的必要前提，"十年树木，百年树人"。二十一世纪，比环保更重要也更迫切的恐怕是改善全球的人口结构。

我国正处在社会转型体制转轨时期，整个社会、政治、经济和文化等领域将发生巨大变化。变化将会带来许多矛盾和冲突，也会带来许多机遇和契机。社会结构的变化会牵动社会各个领域发生变化。养老体系要求积极应对来势迅猛的老龄化社会。一般而言，养老体系大致包括监管、保障和产业三个方面，也可以根据服务水平分为基本保障和服务改善两个层次。我国政府经过探索于2000年提出了社会福利社会化政策，养老服务在社会力量参与之下日益活跃起来。2006年2月，国务院转发了《关于加快发展养老服务业的若干意见》，意见中养老服务业作为一个专门用语被明确提出来，并把它表述为为老年人提供生活照顾和护理服务，满足老年人基本生活需求的服务行业。

本书在分析我国老龄化的社会经济现状基础上，尽可能对我国养老服务管理体系、养老保险保障体系和养老产业体系进行全面梳理；从政府、社会、市场三个角度，分析养老体系和养老产业的特征、运行机制、发展前景和投资逻辑。希望通过对我国养老体系构建和养老产业发展的梳理与分析，提出一些完善我国养老体系建设和养老产业发展的见解。

抛砖引玉，希望可以和专家交流切磋，并获赐指教。

第一章 我国社会经济发展与人口老龄化趋势

第一节 我国社会发展情况

一、人口

2013年末全国大陆总人口为136 072万人,比上年末增加668万人,其中城镇常住人口为73 111万人,占总人口比重为53.73%,比上年末提高1.16个百分点。2013年全年出生人口1 640万人,出生率为12.08‰;死亡人口972万人,死亡率为7.16‰;自然增长率为4.92‰。全国人户分离的人口为2.89亿人,其中流动人口为2.45亿人。

表1 2013年年末人口数及其构成

指 标	年末数(万人)	比重(%)
全国总人口	136 072	100.00
其中:城镇	73 111	53.73
乡村	62 961	46.27

（续表）

其中：男性	69 728	51.20
女性	66 344	48.08
其中：0—15岁（含不满16周岁）	23 875	17.05
16—59岁（含不满60周岁）	91 954	67.06
60周岁及以上	20 243	14.09
其中：65周岁及以上	13 161	9.70

资料来源：2013年国民经济和社会发展统计公报

二、人民生活和社会保障

城乡居民收入继续增加。2013年全年农村居民人均纯收入8 896元，比上年增长12.4%，扣除价格因素，实际增长9.3%；农村居民人均纯收入中位数为7 907元，增长12.7%。城镇居民人均可支配收入26 955元，比上年增长9.7%，扣除价格因素，实际增长7.0%；城镇居民人均可支配收入中位数为24 200元，增长10.1%。根据从2012年四季度起实施的城乡一体化住户调查，全国居民人均可支配收入18 311元，比上年增长10.9%，扣除价格因素，实际增长8.1%。农村居民食品消费支出占消费总支出的比重为37.7%，比上年下降1.6个百分点；城镇为35.0%，下降1.2个百分点。

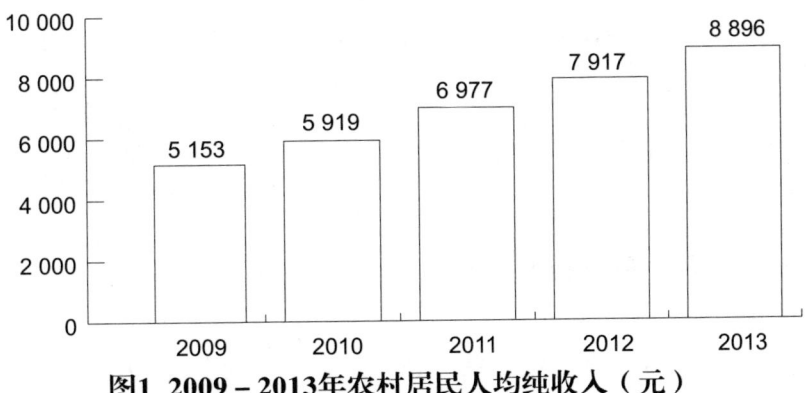

图1 2009－2013年农村居民人均纯收入（元）

资料来源：2013年国民经济和社会发展统计公报

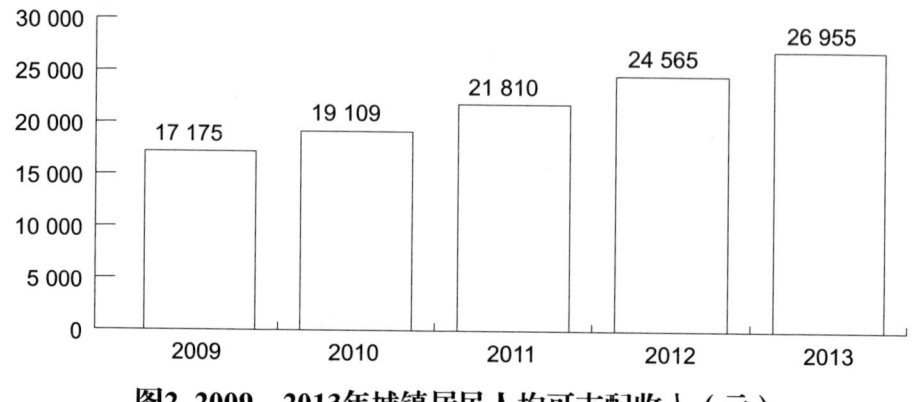

图2 2009–2013年城镇居民人均可支配收入（元）

资料来源：2013年国民经济和社会发展统计公报

2013年年末全国参加城镇职工基本养老保险人数32 212万人，比上年年末增加1 785万人。参加城乡居民基本养老保险人数49 750万人，增加1 381万人。参加基本医疗保险人数57 322万人，增加3 680万人。其中，参加职工基本医疗保险人数27 416万人，增加930万人；参加居民基本医疗保险人数29 906万人，增加2 750万人。参加失业保险人数16 417万人，增加1 192万人。2013年年末全国领取失业保险金人数197万人。参加工伤保险人数19 897万人，增加887万人，其中参加工伤保险的农民工7 266万人，增加86万人。参加生育保险人数16 397万人，增加968万人。2013年年末，2 489个县（市、区）实施了新型农村合作医疗制度，新型农村合作医疗参合率99.0%；1—9月新型农村合作医疗基金支出总额为2 067亿元。按照年人均纯收入2 300元（2010年不变价）的农村扶贫标准计算，2013年农村贫困人口为8 249万人，比上年减少1 650万人。

三、教育、科学技术和文化

教育科技文化事业持续发展。2013年全年研究生招生61.1万人，在学研究生179.4万人，毕业生51.4万人。普通本专科招生699.8万人，在校生

2 468.1万人,毕业生638.7万人。中等职业教育招生698.3万人,在校生1 960.2万人,毕业生678.1万人。普通高中招生822.7万人,在校生2 435.9万人,毕业生799.0万人。初中招生1 496.1万人,在校生4 440.1万人,毕业生1 561.5万人。普通小学招生1 695.4万人,在校生9 360.5万人,毕业生1 581.1万人。特殊教育招生6.6万人,在校生36.8万人,毕业生5.1万人。幼儿园在园幼儿3 894.7万人。

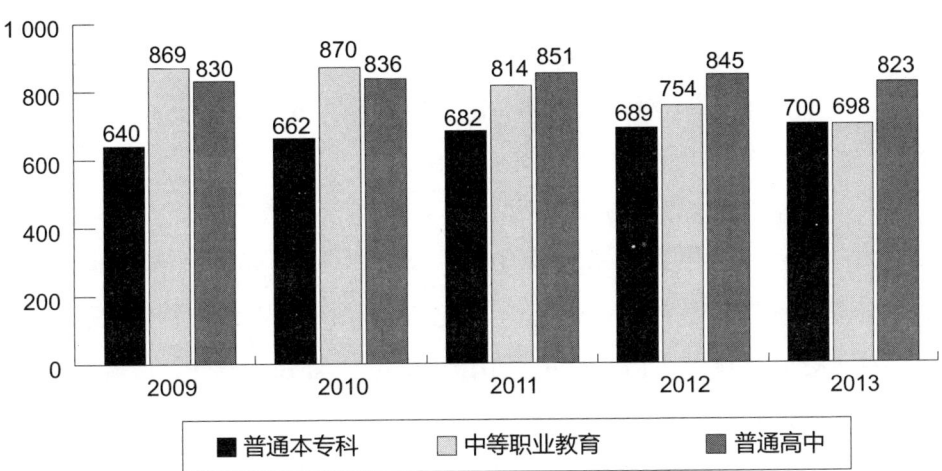

图3 2009－2013年高等教育、中等职业教育及普通高中招生人数(万人)

资料来源:2013年国民经济和社会发展统计公报

2013年全年研究与试验发展经费支出11 906亿元,比上年增长15.6%,占国内生产总值的2.09%,其中基础研究经费569亿元。2013年全年国家安排了3 543项科技支撑计划课题,2 118项"863"计划课题。累计建设国家工程研究中心132个,国家工程实验室143个,国家认定企业技术中心达到1 002家。

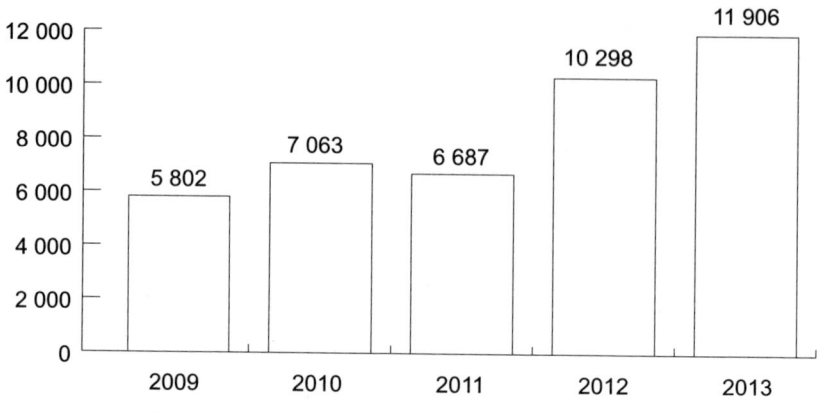

图4　2009–2013年研究与试验发展经费支出（亿元）

资料来源：2013年国民经济和社会发展统计公报

2013年年末全国文化系统共有艺术表演团体2 055个，博物馆2 638个。全国共有公共图书馆3 073个，文化馆3 298个。有线电视用户2.24亿户，有线数字电视用户1.69亿户。2013年年末广播节目综合人口覆盖率为97.8%，电视节目综合人口覆盖率为98.4%。

四、卫生和社会服务

卫生和社会服务事业不断进步。2013年年末全国共有医疗卫生机构973 597个，其中医院24 720个，乡镇卫生院36 978个，社区卫生服务中心（站）33 976个，诊所（卫生所、医务室）184 058个，村卫生室649 080个，疾病预防控制中心3 519个，卫生监督所（中心）2 994个。卫生技术人员718万人，其中执业医师和执业助理医师279万人，注册护士278万人。医疗卫生机构床位618万张，其中医院458万张，乡镇卫生院113万张。

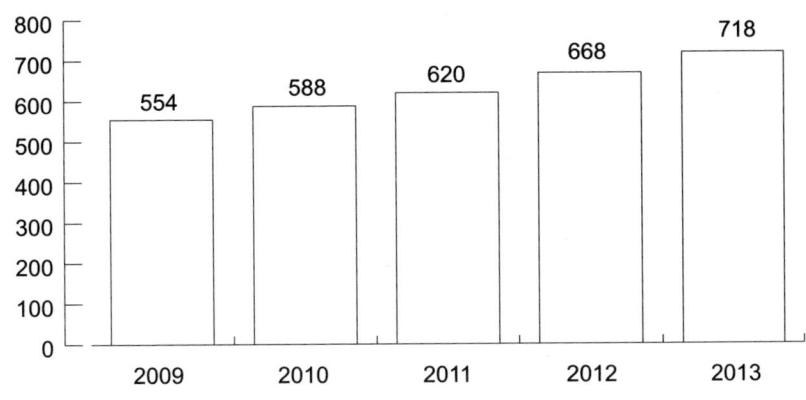

图5 2009－2013年卫生技术人员数量（万人）

资料来源：2013年国民经济和社会发展统计公报

2013年年末全国各类提供住宿的社会服务机构4.7万个，床位509.4万张，收养救助各类人员310万人。其中，养老服务机构4.3万个，床位474.6万张，收留抚养各类人员294.3万人。2013年年末共有社区服务中心1.9万个，社区服务站10.3万个。2013年年末全国共有2061.3万人享受城市居民最低生活保障，5 382.1万人享受农村居民最低生活保障，农村五保供养538.2万人。2013年全年资助1 229.3万城市困难群众参加医疗保险，资助4 132.5万农村困难群众参加新型农村合作医疗。

五、资源、环境和安全生产

2013年全年全国国有建设用地供应总量73万公顷，比上年增长5.8%。其中，工矿仓储用地21万公顷，增长3.2%；房地产用地20万公顷，增长26.8%；基础设施等其他用地32万公顷，下降2.9%。

2013年全年水资源总量27 860亿立方米。全年平均降水量665毫米。2013年年末全国613座大型水库蓄水总量3 488亿立方米，比上年年末蓄水量减少5%。全年总用水量6 170亿立方米，比上年增长0.6%。其中，生活用水增长2.7%，工业用水增长1.4%，农业用水下降0.1%，生态补水增长

1.6%。万元国内生产总值用水量121立方米，比上年下降6.5%。万元工业增加值用水量68立方米，下降5.7%。人均用水量453立方米，与上年基本持平。

2013年全年完成造林面积609万公顷，其中人工造林418万公顷。林业重点工程完成造林面积249万公顷，占全部造林面积的40.9%。截至年底，自然保护区达到2 697个，其中国家级自然保护区407个。新增水土流失治理面积5.7万平方公里，新增实施水土流失地区封育保护面积2.0万平方公里。

2013年全年平均气温为10.2℃。

初步核算，2013年全年能源消费总量37.5亿吨标准煤，比上年增长3.7%。煤炭消费量增长3.7%，原油消费量增长3.4%，天然气消费量增长13.0%，电力消费量增长7.5%。全国万元国内生产总值能耗下降3.7%。

十大流域的704个水质监测断面中，Ⅰ—Ⅲ类水质断面比例占71.7%，劣Ⅴ类水质断面比例占8.9%。十大流域水质总体为轻度污染，水质保持基本稳定。

近岸海域301个海水水质监测点中，达到国家一二类海水水质标准的监测点占66.4%，三类海水占8.0%，四类、劣四类海水占25.6%。

2013年年末城市污水处理厂日处理能力达12 246万立方米，比上年年末增长4.4%；城市污水处理率达到87.9%，提高0.6个百分点。城市集中供热面积54.1亿平方米，增长4.5%。建成区绿地率达到36.0%，提高0.3个百分点。

2013年全年农作物受灾面积3135万公顷，其中绝收384万公顷。2013年全年因洪涝地质灾害造成直接经济损失1884亿元，因旱灾造成直接经济损失905亿元，因低温冷冻和雪灾造成直接经济损失260亿元，因海洋灾害造成直接经济损失165亿元。2013年全年大陆地区共发生5级以上地震41次，成灾14次，造成直接经济损失995亿元。2013年全年共发生森林火灾3 929起，森林火灾受害森林面积1.4万公顷。

2013年全年各类生产安全事故共死亡69 434人。亿元国内生产总值生产安全事故死亡人数为0.124人，比上年下降12.7%；工矿商贸企业就业人员10万人生产安全事故死亡人数为1.52人，下降7.3%；道路交通万车死亡人数为2.3人，下降8.0%；煤矿百万吨死亡人数为0.288人，下降23.0%。

第二节 我国的经济环境

一、国民经济平稳较快增长

2013年全年国内生产总值568 845亿元，比上年增长7.7%。其中，第一产业增加值56 957亿元，增长4.0%；第二产业增加值249 684亿元，增长7.8%；第三产业增加值262 204亿元，增长8.3%。第一产业增加值占国内生产总值的比重为10.0%，第二产业增加值比重为43.9%，第三产业增加值比重为46.1%，第三产业增加值占比首次超过第二产业。

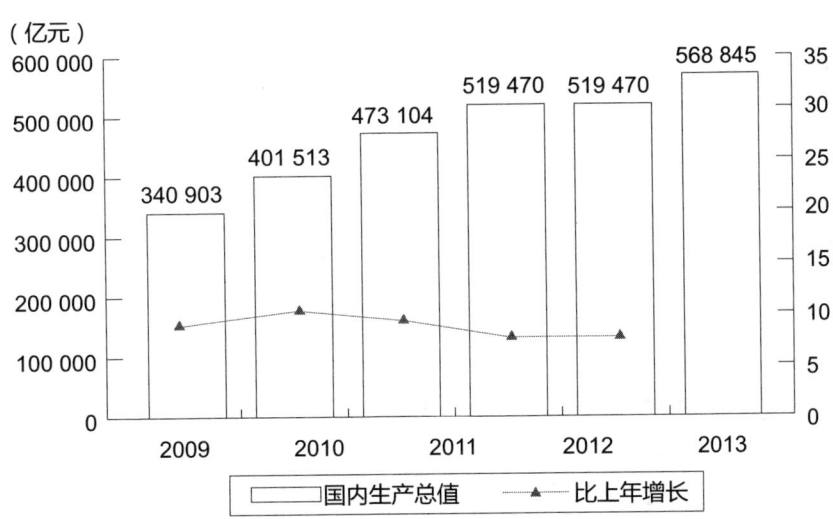

图6 2009－2013年国内生产总值及其增长速度

资料来源：2013年国民经济和社会发展统计公报

二、就业持续增加

2013年年末全国就业人员76 977万人，其中城镇就业人员38 240万人。2013年全年城镇新增就业1 310万人。2013年年末城镇登记失业率为4.05%，略低于上年末的4.09%。全国农民工总量为26 894万人，比上年增长2.4%。其中，外出农民工16 610万人，增长1.7%；本地农民工10 284万人，增长3.6%。

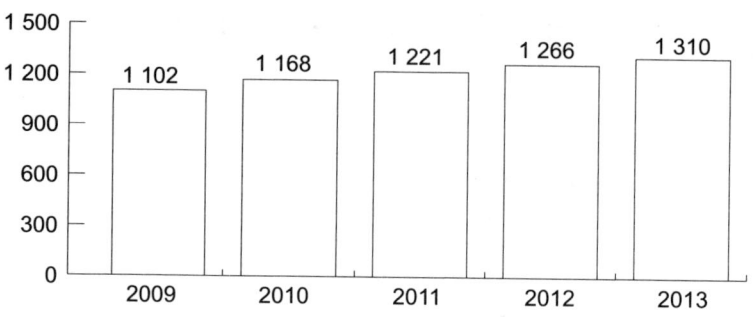

图7 2009—2013年城镇新增就业人数（万人）

资料来源：2013年国民经济和社会发展统计公报

三、劳动生产率稳步提高

2013年全年国内生产总值与全部就业人员的比率为66 199元/人（以2010年不变价格计算），比上年提高7.3%。

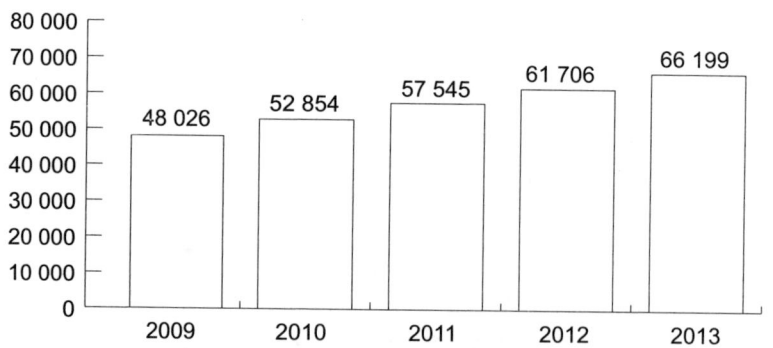

图8 2009—2013年国内生产总值与全部就业人员的比率（元/人）

资料来源：2013年国民经济和社会发展统计公报

四、居民消费价格基本稳定

2013年居民消费价格比上年上涨2.6%，其中食品价格上涨4.7%。固定资产投资价格上涨0.3%。工业生产者出厂价格下降1.9%。工业生产者购进价格下降2.0%。农产品生产者价格上涨3.2%。

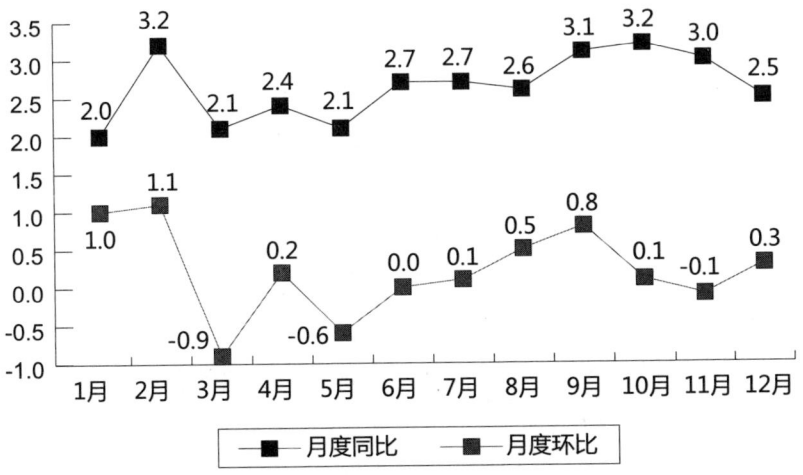

图9 2013年居民消费价格月度涨跌幅度（%）

资料来源：2013年国民经济和社会发展统计公报

表2 2013年居民消费价格比上年涨跌幅度（%）

指　　　　标	全　国	城　市	农　村
居民消费价格	2.6	2.6	2.8
其中：食　品	4.7	4.6	4.9
烟酒及用品	0.3	0.1	0.8
衣　着	2.3	2.2	2.5
家庭设备用品及维修服务	1.5	1.5	1.3

（续表）

医疗保健和个人用品	1.3	1.2	1.8
交通和通信	-0.4	-0.5	0.1
娱乐教育文化用品及服务	1.8	1.7	1.8
居　住	2.8	3.0	2.3

资料来源：2013年国民经济和社会发展统计公报

70个大中城市新建商品住宅销售价格月环比上涨的城市个数年末为65个。

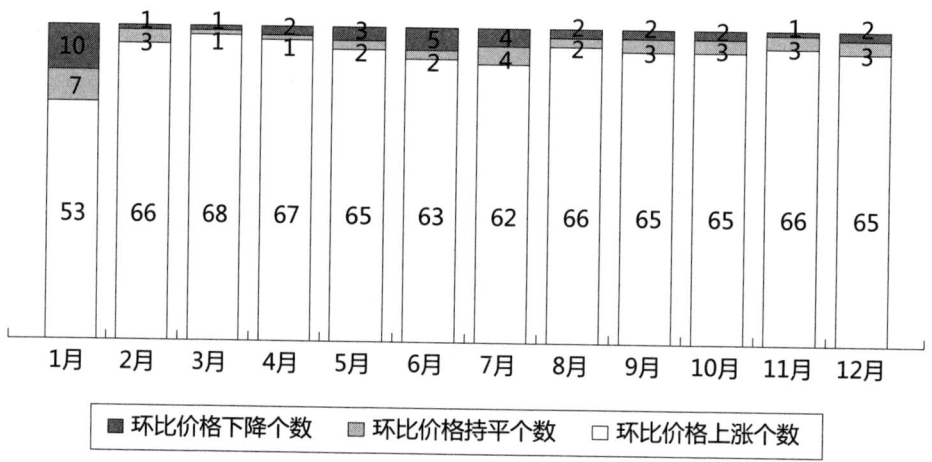

图10　2013年新建商品住宅月环比价格下降、持平、上涨城市个数变化

资料来源：2013年国民经济和社会发展统计公报

五、财政收入稳定增长

2013年全国公共财政收入129 143亿元，比上年增加11 889亿元，增长10.1%；其中税收收入110 497亿元，增加9 883亿元，增长9.8%。

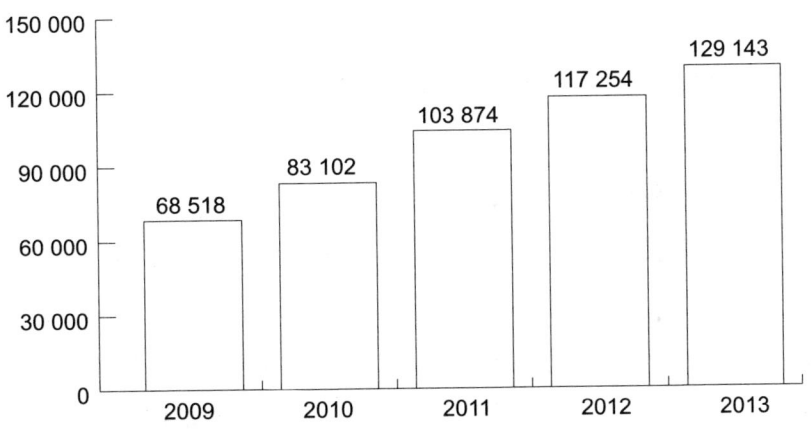

图11 2009－2013年全国公共财政收入（亿元）

资料来源：2013年国民经济和社会发展统计公报

六、外汇储备继续增加

2013年年末国家外汇储备38 213亿美元，比上年年末增加5 097亿美元。2013年年末人民币兑美元汇率为1美元兑6.0969元人民币，比上年年末升值3.1%。

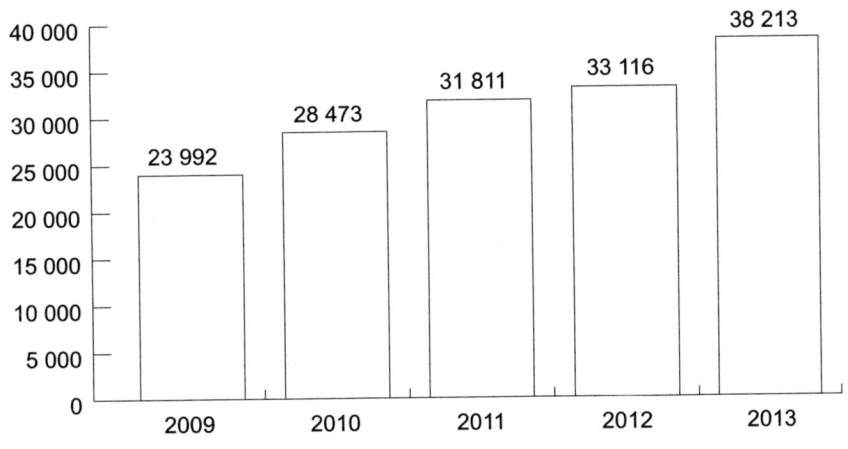

图12 2009－2013年国家外汇储备（亿美元）

资料来源：2013年国民经济和社会发展统计公报

七、农业

2013年粮食种植面积11 195万公顷,比上年增加75万公顷;棉花种植面积435万公顷,减少34万公顷;油料种植面积1 408万公顷,增加15万公顷;糖料种植面积199万公顷,减少4万公顷。

粮食再获丰收。2013年全年粮食产量60 194万吨,比上年增加1 236万吨,增产2.1%。其中,夏粮产量13 189万吨,增产1.5%;早稻产量3 407万吨,增产2.4%;秋粮产量43 597万吨,增产2.3%。其中,主要粮食品种中,稻谷产量20 329万吨,减产0.5%;小麦产量12 172万吨,增产0.6%;玉米产量21 773万吨,增产5.9%。

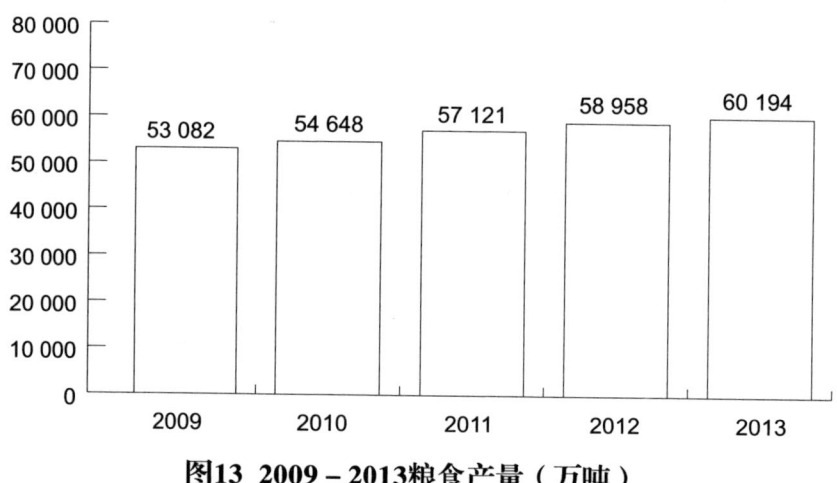

图13 2009－2013粮食产量(万吨)

资料来源:2013年国民经济和社会发展统计公报

2013年全年棉花产量631万吨,比上年减产7.7%。油料产量3 531万吨,增产2.8%。糖料产量13 759万吨,增产2.0%。茶叶产量193万吨,增产7.9%。

2013年全年肉类总产量8 536万吨,比上年增长1.8%。其中,猪肉产量5 493万吨,增长2.8%;牛肉产量673万吨,增长1.7%;羊肉产量408万吨,增长1.8%;禽肉产量1 798万吨,下降1.3%。2013年年末生猪存栏47 411万头,下降0.4%;生猪出栏71 557万头,增长2.5%。禽蛋产量2 876万吨,增长0.5%。牛奶产量3 531万吨,下降5.7%。

2013年全年水产品产量6172万吨,比上年增长4.5%。其中,养殖水产品产量4 547万吨,增长6.0%;捕捞水产品产量1 625万吨,增长3.5%。

2013年全年木材产量8 367万立方米,比上年增长2.3%。

2013年全年新增有效灌溉面积129万公顷,新增节水灌溉面积211万公顷。

八、工业和建筑业

工业生产稳定增长。2013年全年全部工业增加值210 689亿元,比上年增长7.6%。规模以上工业增加值增长9.7%。在规模以上工业中,分经济类型看,国有及国有控股企业增长6.9%;集体企业增长4.3%,股份制企业增长11.0%,外商及港澳台商投资企业增长8.3%;私营企业增长12.4%。分门类看,采矿业增长6.4%,制造业增长10.5%,电力、热力、燃气及水生产和供应业增长6.8%。

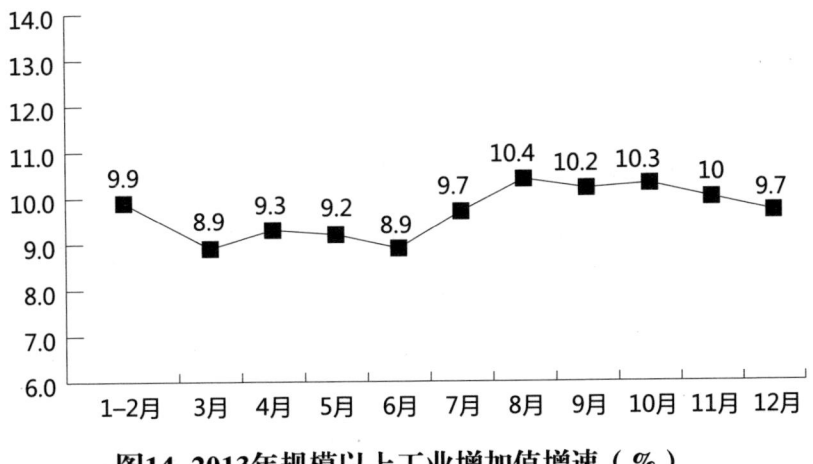

图14 2013年规模以上工业增加值增速(%)

资料来源:2013年国民经济和社会发展统计公报

2013年规模以上工业中，农副食品加工业增加值比上年增长9.4%，纺织业增长8.7%，通用设备制造业增长9.2%，专用设备制造业增长8.5%，汽车制造业增长14.9%，计算机、通信和其他电子设备制造业增长11.3%，电气机械和器材制造业增长10.9%。六大高耗能行业增加值比上年增长10.1%，其中，非金属矿物制品业增长11.5%，化学原料和化学制品制造业增长12.1%，有色金属冶炼和压延加工业增长14.6%，黑色金属冶炼和压延加工业增长9.9%，电力、热力生产和供应业增长6.2%，石油加工、炼焦和核燃料加工业增长6.1%。高技术制造业增加值比上年增长11.8%。

表3 2013年主要工业产品产量及其增长速度

产品名称	单 位	产 量	比上年增长%
纱	万吨	3 200.0	7.2
布	亿米	882.7	4.0
化学纤维	万吨	4 121.9	7.4
成品糖	万吨	1 589.7	12.8
卷 烟	亿支	25 604.0	1.8
彩色电视机	万台	12 776.1	-0.4
其中：液晶电视机	万台	12 290.3	4.5
家用电冰箱	万台	9 261.0	9.9
房间空气调节器	万台	13 057.2	5.3
一次能源生产总量	亿吨标准煤	34.0	2.4
原 煤	亿吨	36.8	0.8
原 油	亿吨	2.09	1.8
天然气	亿立方米	1 170.5	9.4
发电量	亿千瓦小时	53 975.9	7.5

(续表)

其中：火电	亿千瓦小时	42 358.7	7.0
水电	亿千瓦小时	9 116.4	5.6
核电	亿千瓦小时	1 106.3	13.6
粗　钢	万吨	77 904.1	7.6
钢　材	万吨	106 762.2	11.7
十种有色金属	万吨	4 054.9	9.7
其中：精炼铜（电解铜）	万吨	649.0	12.7
原铝（电解铝）	万吨	2 205.9	9.2
氧化铝	万吨	4 437.2	17.7
水　泥	亿吨	24.2	9.3
硫　酸（折100%）	万吨	8 122.6	3.1
纯　碱	万吨	2 434.9	1.6
烧　碱（折100%）	万吨	2 859.0	6.0
乙　烯	万吨	1 622.6	9.1
化　肥（折100%）	万吨	7 037.0	3.0
发电机组（发电设备）	万千瓦	12 572.8	-3.3
汽　车	万辆	2 211.7	14.7
其中：基本型乘用车（轿车）	万辆	1 210.4	12.4
大中型拖拉机	万台	58.7	11.4
集成电路	亿块	866.5	11.2
程控交换机	万线	3 115.7	10.1
移动通信手持机	万台	14 5561.0	23.2
微型计算机设备	万台	33 661.0	5.8

资料来源：2013年国民经济和社会发展统计公报

2013年年末全国发电装机容量124 738万千瓦，比上年年末增长9.3%。其中，火电装机容量86 238万千瓦，增长5.7%；水电装机容量28 002万千瓦，增长12.3%；核电装机容量1 461万千瓦，增长16.2%；并网风电装机容量7 548万千瓦，增长24.5%；并网太阳能发电装机容量1 479万千瓦，增长3.4倍。

2013年全年规模以上工业企业实现利润62 831亿元，比上年增长12.2%，其中国有及国有控股企业15 194亿元，增长6.4%；集体企业825亿元，增长2.1%，股份制企业37 285亿元，增长11.0%，外商及港澳台商投资企业14 599亿元，增长15.5%；私营企业20 876亿元，增长14.8%。

2013年全社会建筑业增加值38 995亿元，比上年增长9.5%。全国具有资质等级的总承包和专业承包建筑业企业实现利润5 575亿元，增长16.7%，其中国有及国有控股企业1 363亿元，增长20.1%。

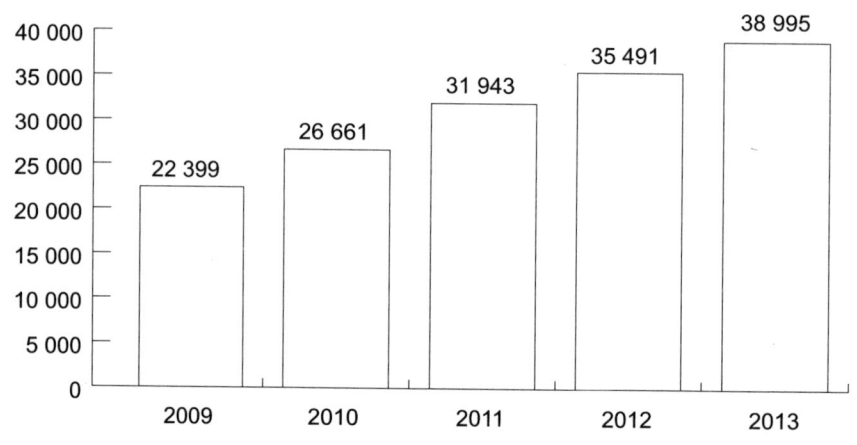

图15　2009－2013年全社会建筑业增加值（亿元）

资料来源：2013年国民经济和社会发展统计公报

九、固定资产投资

固定资产投资较快增长。2013年全年全社会固定资产投资447 074亿元,比上年增长19.3%,扣除价格因素,实际增长18.9%。其中,固定资产投资(不含农户)436 528亿元,增长19.6%;农户投资10 547亿元,增长7.2%。东部地区投资179 092亿元,比上年增长17.9%;中部地区投资105 894亿元,增长22.2%;西部地区投资109 228亿元,增长22.8%;东北部地区投资47 367亿元,增长18.4%。

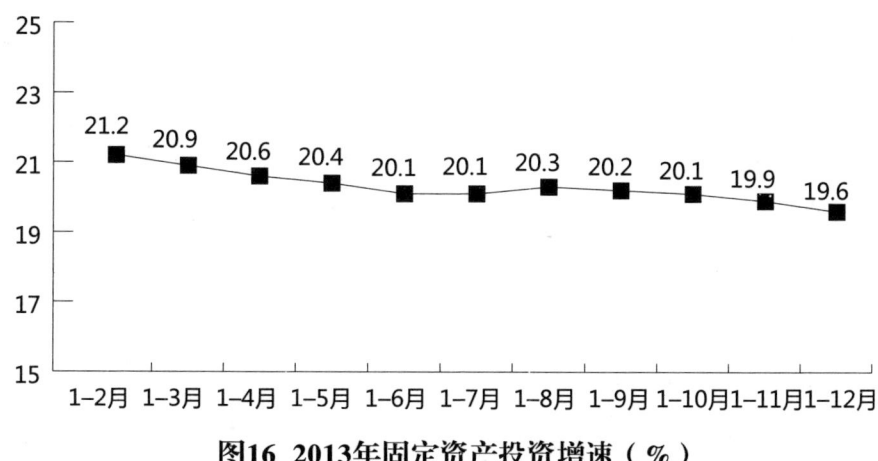

图16 2013年固定资产投资增速(%)

资料来源:2013年国民经济和社会发展统计公报

表4 2013年分行业固定资产投资(不含农户)及其增长速度

行　　　　业	投资额(亿元)	比上年增长(%)
农、林、牧、渔业	11 611	32.4
采矿业	14 750	10.9
制造业	147 370	18.5
电力、热力、燃气及水生产和供应业	19 744	18.4
建筑业	3 737	1.4
批发和零售业	12 695	30.0
交通运输、仓储和邮政业	36 194	17.2
住宿和餐饮业	6 001	17.5

（续表）

指标	数值	增长率
信息传输、软件和信息技术服务业	3 216	19.5
金融业	1 250	35.3
房地产业	111 424	20.3
租赁和商务服务业	5 922	26.1
科学研究和技术服务业	3 149	27.2
水利、环境和公共设施管理业	37 598	26.9
居民服务、修理和其他服务业	2 037	20.8
教育	5 486	19.1
卫生和社会工作	3 184	21.7
文化、体育和娱乐业	5 251	23.0
公共管理、社会保障和社会组织	5 908	-2.3
总　　计	436 528	19.6

资料来源：2013年国民经济和社会发展统计公报

在固定资产投资（不含农户）中，第一产业投资9 241亿元，比上年增长32.5%；第二产业投资184 804亿元，增长17.4%；第三产业投资242 482亿元，增长21.0%。

表5　2013年固定资产投资新增主要生产能力

指　　标	单　位	绝对数
新增220千伏及以上变电设备	万千伏安	19 631
新建铁路投产里程	公里	5 586
其中：高速铁路	公里	1 672
增建铁路复线投产里程	公里	4 180
电气化铁路投产里程	公里	4 810

（续表）

新建公路里程	公里	70 274
其中：高速公路	公里	8 260
港口万吨级码头泊位新增吞吐能力	万吨	33 119
新增光缆线路长度	万公里	266

资料来源：2013年国民经济和社会发展统计公报

2013年房地产开发投资86 013亿元，比上年增长19.8%。其中，住宅投资58 951亿元，增长19.4%；办公楼投资4 652亿元，增长38.2%；商业营业用房投资11 945亿元，增长28.3%。

2013年全年新开工建设城镇保障性安居工程住房666万套（户），基本建成城镇保障性安居工程住房544万套。

表6 2013年房地产开发和销售主要指标完成情况及其增长速度

指标	单位	绝对数	比上年增长(%)
投资额	亿元	86 013	19.8
其中：住宅	亿元	58 951	19.4
其中：90平方米及以下	亿元	19 446	15.8
房屋施工面积	万平方米	665 572	16.1
其中：住宅	万平方米	486 347	13.4
房屋新开工面积	万平方米	201 208	13.5
其中：住宅	万平方米	145 845	11.6
房屋竣工面积	万平方米	101 435	2.0
其中：住宅	万平方米	78 741	-0.4
商品房销售面积	万平方米	130 551	17.3
其中：住宅	万平方米	115 723	17.5

(续表)

本年到位资金	亿元	122 122	26.5
其中：国内贷款	亿元	19 673	33.1
个人按揭贷款	亿元	14 033	33.3

资料来源：2013年国民经济和社会发展统计公报

十、国内贸易

市场销售平稳较快增长。2013年全年社会消费品零售总额237 810亿元，比上年增长13.1%，扣除价格因素，实际增长11.5%。按经营地统计，城镇消费品零售额205 858亿元，增长12.9%；乡村消费品零售额31 952亿元，增长14.6%。按消费形态统计，商品零售额212 241亿元，增长13.6%；餐饮收入额25 569亿元，增长9.0%。

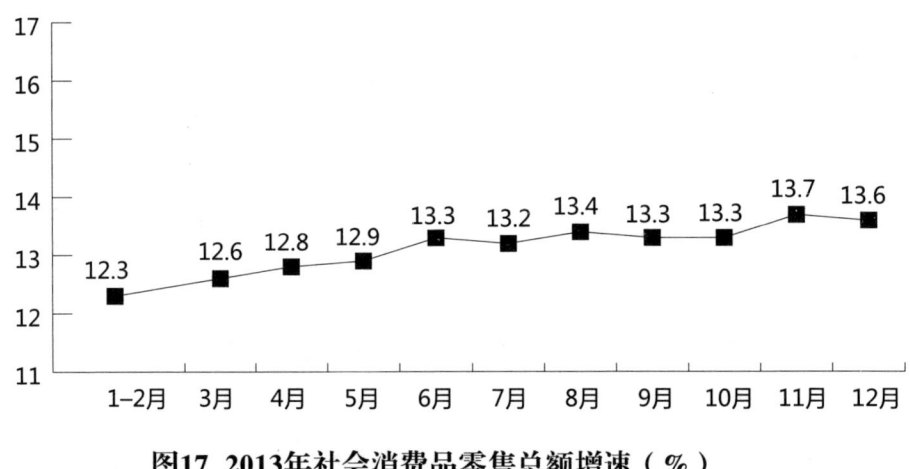

图17 2013年社会消费品零售总额增速（%）

资料来源：2013年国民经济和社会发展统计公报

在限额以上企业商品零售额中，粮油、食品、饮料、烟酒类零售额比上年增长13.9%，服装、鞋帽、针纺织品类增长11.6%，化妆品类增

13.3%，金银珠宝类增长25.8%，日用品类增长14.1%，家用电器和音像器材类增长14.5%，中西药品类增长17.7%，文化办公用品类增长11.8%，家具类增长21.0%，通信器材类增长20.4%，石油及制品类增长9.9%，汽车类增长10.4%，建筑及装潢材料类增长22.1%。

十一、对外经济

进出口稳中有升。2013年全年货物进出口总额258 267亿元人民币，以美元计价为41 600亿美元，比上年增长7.6%。其中，出口137 170亿元人民币，以美元计价为22 096亿美元，增长7.9%；进口121 097亿元人民币，以美元计价为19 504亿美元，增长7.3%。进出口差额（出口减进口）16 072亿元人民币，比上年增加1 514亿元人民币，以美元计价为2 592亿美元，增加289亿美元。

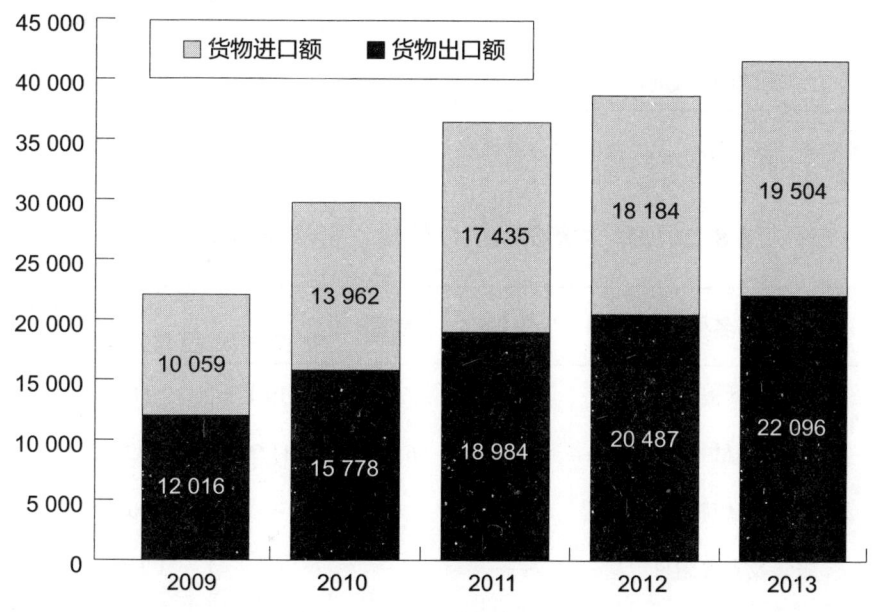

图18 2009–2013年货物进口总额（亿美元）

资料来源：2013年国民经济和社会发展统计公报

表7 2013年货物进出口总额及其增长速度

指　　标	绝对数（亿美元）	比上年增长（%）
货物进出口总额	41 600	7.6
货物出口额	22 096	7.9
其中：一般贸易	10 875	10.1
加工贸易	8 605	-0.3
其中：机电产品	12 652	7.3
高新技术产品	6 603	9.8
货物进口额	19 504	7.3
其中：一般贸易	11 099	8.6
加工贸易	4 970	3.3
其中：机电产品	8 400	7.3
高新技术产品	5 582	10.1
进出口差额（出口减进口）	2 592	—

资料来源：2013年国民经济和社会发展统计公报

表8 2013年主要商品出口数量、金额及其增长速度

商品名称	单位	数量	比上年增长（%）	金额（亿美元）	比上年增长（%）
煤（包括褐煤）	万吨	751	-19.1	11	-33.1
钢材	万吨	6 234	11.9	532	3.4
纺织纱线、织物及制品	—	—	—	1 069	11.7
服装及衣着附件	—	—	—	1 770	11.3
鞋类	—	—	—	508	8.4
家具及其零件	—	—	—	518	6.2

（续表）

自动数据处理设备及其部件	万台	187 050	2.0	1 822	-1.7
手持或车载无线电话	万台	118 582	16.9	951	17.3
集装箱	万个	270	8.8	79	-6.4
液晶显示板	万个	326 577	3.1	359	-1.0
汽车（包括整套散件）	万辆	92	-6.7	120	-5.3

资料来源：2013年国民经济和社会发展统计公报

表9 2013年主要商品进口数量、金额及其增长速度

商品名称	数量（万吨）	比上年增长（%）	金额（亿美元）	比上年增长（%）
谷物及谷物粉	1 458	4.3	51	6.6
大豆	6 338	8.6	380	8.6
食用植物油	810	-4.2	81	-16.7
铁矿砂及其精矿	81 931	10.2	1 059	10.4
氧化铝	383	-23.7	14	-22.7
煤（包括褐煤）	32 708	13.4	290	1.1
原油	28 192	4.0	2 196	-0.5
成品油	3 959	-0.6	320	-3.2
初级形状的塑料	2 462	3.9	491	6.3
纸浆	1 685	2.4	114	3.7
钢材	1 408	3.1	170	-4.3
未锻造的铜及铜材	453	-2.5	353	-8.5

资料来源：2013年国民经济和社会发展统计公报

表10 2013年对主要国家和地区货物进出口额及其增长速度

国家和地区	出口额（亿美元）	比上年增长（%）	进口额	比上年增长（%）
欧盟	3 390	1.1	2 200	3.7
美国	3 684	4.7	1 525	14.8
东盟	2 441	19.5	1 996	1.9
中国香港	3 848	19.0	162	-9.3
日本	1 503	-0.9	1 623	-8.7
韩国	912	4.0	1 831	8.5
中国台湾	406	10.5	1 566	18.5
俄罗斯	496	12.6	396	-10.2
印度	484	1.6	170	-9.6

资料来源：2013年国民经济和社会发展统计公报

2013年全年服务进出口（按国际收支口径统计，不含政府服务，下同）总额5 396亿美元，比上年增长14.7%。其中，服务出口2 106亿美元，增长10.6%；服务进口3 291亿美元，增长17.5%。服务进出口逆差1 185亿美元。

2013年全年非金融领域新批外商直接投资企业22 773家，比上年下降8.6%。实际使用外商直接投资金额1 176亿美元，增长5.3%。

表11 2013年非金融领域外商直接投资及其增长速度

行　　业	企业数（家）	比上年增长（%）	实际使用金额（亿美元）	比上年增长(%)
总　　　计	22 773	-8.6	1175.9	5.3
其中：农、林、牧、渔业	757	-14.2	18.0	-12.7
制造业	6 504	-27.5	455.5	-6.8
电力、燃气及水的生产和供应业	200	7.0	24.3	48.2

（续表）

交通运输、仓储和邮政业	401	1.0	42.2	21.4
信息传输、计算机服务和软件业	796	-14.0	28.8	-14.2
批发和零售业	7 349	4.6	115.1	21.7
房地产业	530	12.3	288.0	19.4
租赁和商务服务业	3 359	4.0	103.6	26.2
居民服务和其他服务业	166	-13.5	6.6	-43.6

资料来源：2013年国民经济和社会发展统计公报

2013年全年非金融领域对外直接投资额902亿美元，比上年增长16.8%。

2013年全年对外承包工程业务完成营业额1 371亿美元，比上年增长17.6%；对外劳务合作派出各类劳务人员52.7万人，增长2.9%。

十二、交通、邮电和旅游

交通运输平稳较快增长。2013年全年货物运输总量451亿吨，比上年增长9.9%。货物运输周转量186 478亿吨公里，增长7.3%。2013年全年规模以上港口完成货物吞吐量106.1亿吨，比上年增长8.5%，其中外贸货物吞吐量33.1亿吨，增长9.2%。规模以上港口集装箱吞吐量18 878万标准箱，增长6.7%。

表12　2013年各种运输方式完成货物运输量及其增长速度

指　　标	单　　位	绝对数	比上年增长（％）
货物运输总量	亿吨	450.6	9.9
铁路	亿吨	39.7	1.6
公路	亿吨	355.0	11.3
水运	亿吨	49.3	7.5

(续表)

民航	万吨	557.6	2.3
管道	亿吨	6.6	6.3
货物运输周转量	亿吨公里	186 478.4	7.3
铁路	亿吨公里	29 173.9	0.0
公路	亿吨公里	67 114.5	12.7
水运	亿吨公里	86 520.6	5.9
民航	亿吨公里	168.6	2.9
管道	亿吨公里	3500.9	9.0

资料来源：2013年国民经济和社会发展统计公报

2013年全年旅客运输总量402亿人次，比上年增长5.6%。旅客运输周转量36 036亿人公里，增长7.9%。

表13 2013年各种运输方式完成旅客运输量及其增长速度

指标	单位	绝对数	比上年增长（%）
旅客运输总量	亿人次	401.9	5.6
铁路	亿人次	21.1	10.8
公路	亿人次	374.7	5.3
水运	亿人次	2.6	1.8
民航	亿人次	3.5	10.9
旅客运输周转量	亿人公里	36 036.0	7.9
铁路	亿人公里	10 595.6	8.0
公路	亿人公里	19 705.6	6.7
水运	亿人公里	76.3	-1.6
民航	亿人公里	5658.5	12.6

资料来源：2013年国民经济和社会发展统计公报

2013年年末全国民用汽车保有量达到13 741万辆（包括三轮汽车和低速货车1058万辆），比上年年末增长13.7%，其中私人汽车保有量10 892万辆，增长17.0%。民用轿车保有量7 126万辆，增长19.0%，其中私人轿车6 410万辆，增长20.8%。

2013年全年完成邮电业务总量16 679亿元，比上年增长11.1%。其中，邮政业务总量2 725亿元，增长33.8%；电信业务总量13 954亿元，增长7.5%。邮政业2013年全年完成邮政函件业务63.2亿件，包裹业务0.69亿件，快递业务量91.9亿件；快递业务收入1 442亿元。电信业2013年全年局用交换机容量减少2 697万门，总容量41 052万门；新增移动电话交换机容量12 522万户，达到196 545万户。2013年年末固定电话用户26 699万户。新增移动电话用户11 696万户，2013年年末达到122 911万户，其中3G移动电话用户40 161万户。电话普及率达到110.5部/百人。互联网上网人数6.18亿人，其中手机上网人数5亿人。互联网普及率达到45.8%。

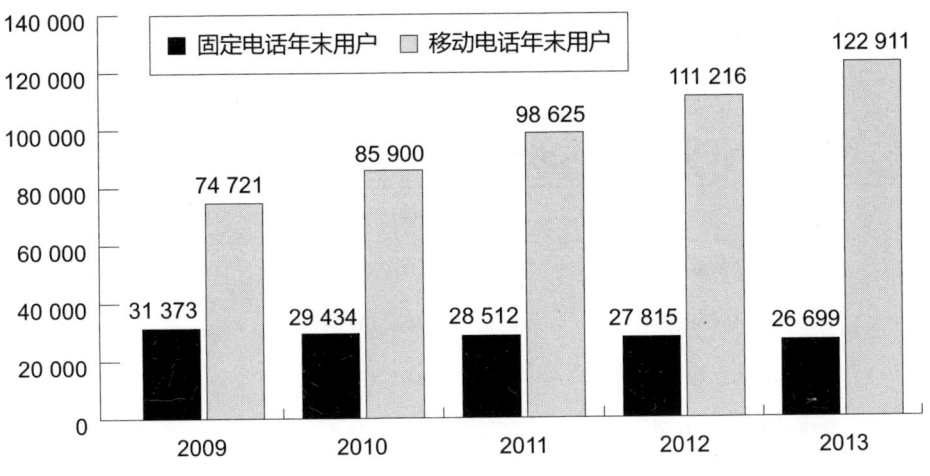

图19　2009－2013年电话用户数（万户）

资料来源：2013年国民经济和社会发展统计公报

2013年全年国内游客32.6亿人次，比上年增长10.3%；国内旅游收入26 276亿元，增长15.7%。入境游客12 908万人次，下降2.5%。其中，外国人2 629万人次，下降3.3%；香港、澳门和台湾同胞10 279万人次，下降2.3%。在入境游客中，过夜游客5 569万人次，下降3.5%。国际旅游外汇收入517亿美元，增长3.3%。国内居民出境9 819万人次，增长18.0%。其中因私出境9 197万人次，增长19.3%。

十三、金融

金融市场运行总体平稳。2013年年末广义货币供应量（M2）余额为110.7万亿元，比上年年末增长13.6%；狭义货币供应量（M1）余额为33.7万亿元，增长9.3%；流通中现金（M0）余额为5.9万亿元，增长7.2%。

2013年全年社会融资规模为17.3万亿元，按可比口径计算，比上年多1.5万亿元。2013年年末全部金融机构本外币各项存款余额107.1万亿元，比年初增加12.7万亿元，其中人民币各项存款余额104.4万亿元，增加12.6万亿元。全部金融机构本外币各项贷款余额76.6万亿元，增加9.3万亿元，其中人民币各项贷款余额71.9万亿元，增加8.9万亿元。

表14 2013年年末全部金融机构本外币存贷款余额及其增长速度

指　　标	年末数（亿元）	比上年末增长（%）
各项存款余额	1 070 588	13.5
其中：住户存款	465 437	13.5
人民币	461 370	13.6
非金融企业存款	380 070	10.1
各项贷款余额	766 327	13.9
其中：境内短期贷款	311 772	16.3
境内中长期贷款	410 346	12.8

资料来源：2013年国民经济和社会发展统计公报

2013年年末主要农村金融机构（农村信用社、农村合作银行、农村商业银行）人民币贷款余额91 644亿元，比年初增加13 324亿元。全部金融机构人民币消费贷款余额129 721亿元，增加25 401亿元。其中，个人短期消费贷款余额26 558亿元，增加7 198亿元；个人中长期消费贷款余额103 163亿元，增加18 203亿元。

2013年全年上市公司通过境内市场累计筹资6 885亿元，比上年增加1 044亿元。其中，A股再筹资（包括配股、公开增发、非公开增发、认股权证）2 803亿元，增加710亿元；上市公司通过发行可转债、可分离债、公司债筹资4 082亿元，增加1 369亿元。

2013年全年发行公司信用类债券3.67万亿元，比上年减少667亿元。

2013年全年保险公司原保险保费收入17 222亿元，比上年增长11.2%，其中寿险业务原保险保费收入9 425亿元，健康险和意外伤害险业务原保险保费收入1 585亿元，财产险业务原保险保费收入6 212亿元。支付各类赔款及给付6 213亿元，其中寿险业务给付2 253亿元，健康险和意外伤害险赔款及给付521亿元，财产险业务赔款3 439亿元。

第三节 我国人口规模及结构分析

我国以2010年11月1日零时为标准时点进行了第六次全国人口普查。主要数据如下：

一、总人口

图20 大陆及港澳台人口数量构成

●大陆 ○香港 ●澳门 ○台湾

资料来源：国家统计局

全国总人口为1 370 536 875人。其中：

大陆人口共1 339 724 852人。

香港特别行政区人口为7 097 600人。

澳门特别行政区人口为5 52 300人。

台湾地区人口为23 162 123人。

二、人口增长

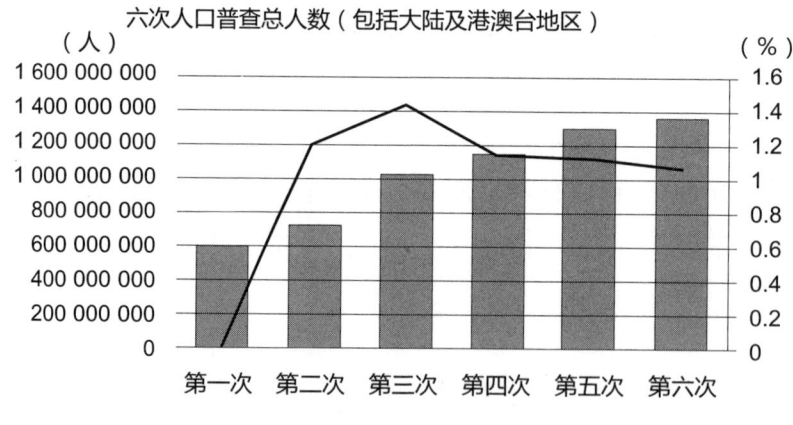

图21 六次人口普查变化

资料来源：国家统计局

大陆现人口，同第五次全国人口普查2000年11月1日零时的1 265 825 048相比，十年共增加73 899 804人，增长5.84%，年平均增长率为0.57%。

三、家庭户人口

大陆共有家庭401 517 330户，家庭户人口为1 244 608 395，平均每个家庭户的人口为3.10，比2000年第五次全国人口普查的3.44人减少0.34人。

四、性别构成

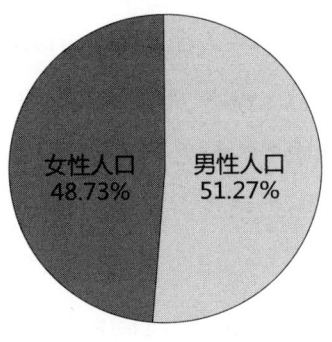

图22 性别构成

资料来源：国家统计局

大陆人口中，男性人口为686 852 572人，占51.27%；女性人口为652 872 280人，占48.73%。总人口性别比（以女性为100，男性对女性的比例）由2000年第五次全国人口普查的106.74下降为105.20。

五、年龄构成

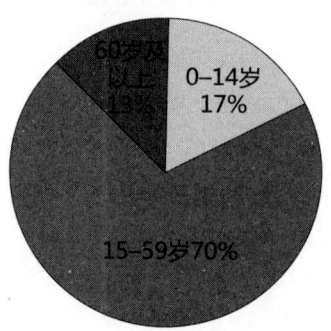

图23 年龄构成

资料来源：国家统计局

大陆人口中，0—14岁人口为222 459 737人，占16.60%；15—59岁人口为939 616 410人，占70.14%；60岁及以上人口为177 648 705人，占13.26%，其中65岁及以上人口为118 831 709人，占8.87%。同2000年第五次全国人口普查相比，0—14岁人口的比重下降6.29个百分点，15—59岁人口的比重上升3.36个百分点，60岁及以上人口的比重上升2.93个百分点，65岁及以上人口的比重上升1.91个百分点。

六、民族构成

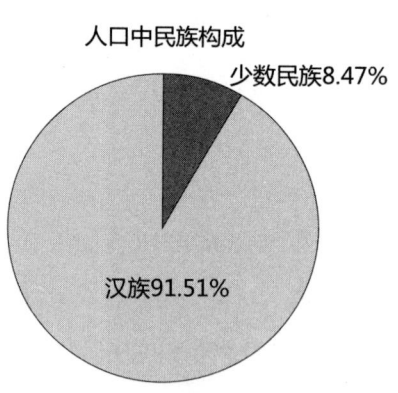

图24 民族构成

资料来源：2013年国民经济和社会发展统计公报

大陆人口中，汉族人口为1225932641人，占91.51%；各少数民族人口为113 792 211人，占8.49%。同2000年第五次全国人口普查相比，汉族人口增加66 537 177人，增长5.74%；各少数民族人口增加73 62 627人，增长6.92%。

七、各种受教育程度人口

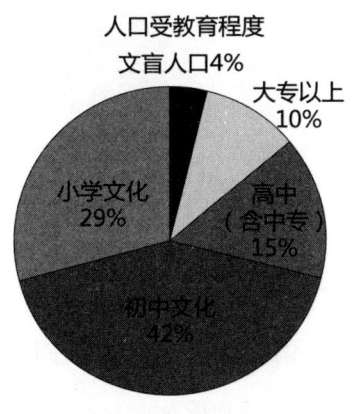

图25 教育程度构成

资料来源：国家统计局

大陆人口中，具有大学（指大专以上）文化程度的人口为119 636 790人；具有高中（含中专）文化程度的人口为187 985 979人；具有初中文化程度的人口为519 656 445人；具有小学文化程度的人口为358 764 003人。（以上各种受教育程度的人包括各类学校的毕业生、肄业生和在校生。）

同2000年第五次全国人口普查相比，每10万人中具有大学文化程度的由3 611人上升为8 930人；具有高中文化程度的由11 146人上升为14 032人；具有初中文化程度的由33 961人上升为38 788人；具有小学文化程度的由35 701人下降为26 779人。

大陆人口中，文盲人口（15岁及以上不识字的人）为54 656 573人，同2000年第五次全国人口普查相比，文盲人口减少30 413 094人，文盲率由6.72%下降为4.08%，下降2.64个百分点。

八、城乡人口

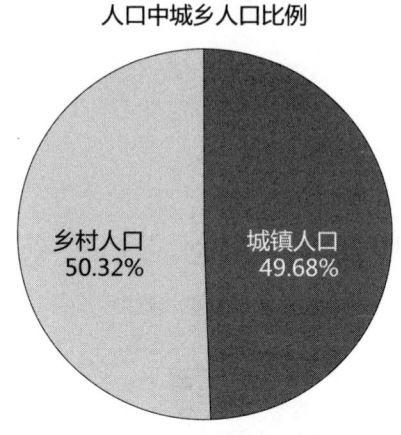

图26 城乡人口构成

资料来源：国家统计局

大陆人口中，居住在城镇的人口为665 575 306人，占49.68%；居住在乡村的人口为674 149 546人，占50.32%。同2000年第五次全国人口普查相比，城镇人口增加207 137 093人，乡村人口减少133 237 289人，城镇人口比重上升13.46个百分点。

九、人口的流动

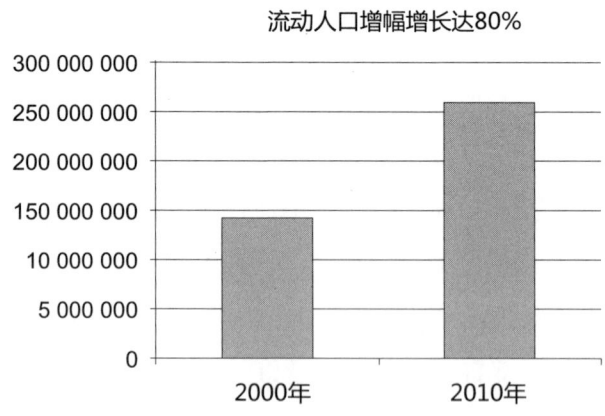

图27 流动人口变动情况

资料来源：国家统计局

大陆人口中，居住地与户口登记所在地的乡镇街道不一致，且离开户口登记地半年以上的人口为261 386 075人，其中市辖区内人户分离的人口为39 959 423人，不包括市辖区内人户分离的人口为221 426 652人。同2000年第五次全国人口普查相比，居住地与户口登记所在地的乡镇街道不一致且离开户口登记所在地半年以上的人口增加116 995 327人，增长81.03%。

第四节 我国人口老龄化进程

目前我国60岁及以上老年人口已经超过2亿，占总人口的11%以上。

一、老年人的养老服务问题日益突出

调查显示，截至2013年年底，我国60岁以上城市老年人口有3 856万。

——从性别结构看，女性与男性老年人口比例分别占老年人口总数的51.8%和48.2%。

——从文化教育程度看，城市未上过学的老年人比例从2000年的28.2%下降到2006年的16.4%，初中及以上文化程度的比例从2000年的38.1%提高到2006年的47.1%。

——从年龄结构看，中龄和低龄老年人是主体。老年人年龄越高健康状况越差，变化非常明显。低龄老年人健康状况较好，完全自理的比例为93.2%；中龄老年人健康状况较差，完全自理的比例为81.5%；高龄老年人的健康状况最差，完全自理的比例只有54.3%。据统计，我国城市老年人中生活能够完全自理的占85.4%，部分自理的占9.6%，完全不能自理的占5.0%。

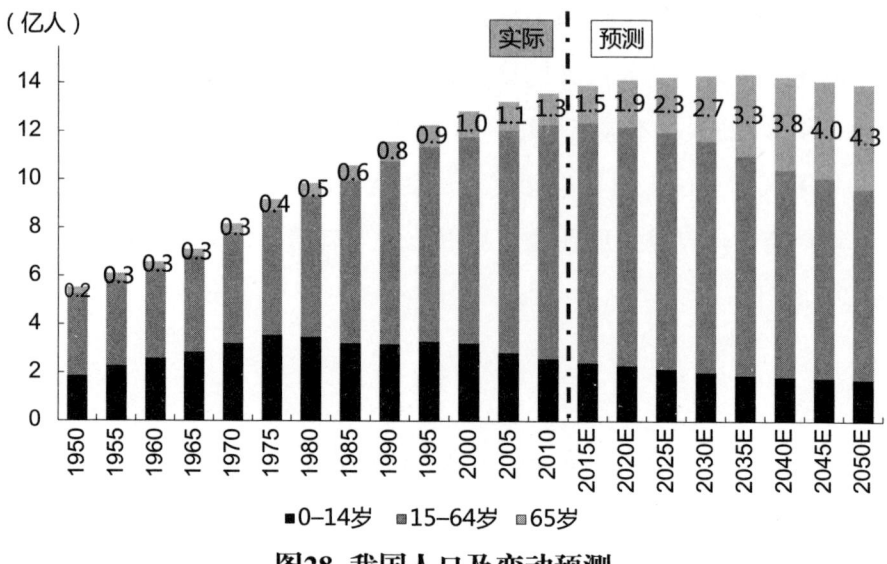

图28 我国人口及变动预测

资料来源：2013年国民经济和社会发展统计公报

二、人口老龄化已成为我国重要的民生问题

2013年年底全国60岁及以上人口为2.02亿，占14.9%，其中65岁及以上人口为1.3亿，占9.7%。按照老龄化评判标准，我国已成为人口老龄化国家。

人口学家预测，2040年达到顶峰14.91亿后开始下降。与此同时，65岁以上老年人口2013年为2亿，2040年达到3.12亿后仍将继续上升。这一升一降将使我国面临人口老龄化的严峻挑战。

人口老龄化是社会发展的趋势与潮流。联合国认为，如果一个国家60岁以上老年人口达到人口总数的10%，或者65岁以上老年人口占人口总数的7%以上，那么这个国家就已经属于人口老龄化国家。

第六次人口普查表明，大陆人口中，0—14岁人口为222 459 737人，占16.60%；15—59岁人口为939 616 410人，占70.14%；60岁及以上人口为177 648 705人，占13.26%，其中65岁及以上人口为118 831 709人，占8.87%。同2000年第五次全国人口普查相比，0—14岁人口的比重下降6.29个百分点，15—59岁人口的比重上升3.36个百分点，60岁及以上人口的比重上升2.93个百分点，65岁及以上人口的比重上升1.91个百分点。

而根据2013年国家国民经济和社会发展统计公报的数据，2013年年底全国60岁及以上人口为2.02亿，占14.9%，比最近一次的第六次人口普查增加1.64个百分点，其中65岁及以上人口为1.3亿，占9.7%，比最近一次的第六次人口普查增加0.83个百分点。

从数据可以推断，我国已经真正成为人口老龄化国家，而人口的老龄化将会使我国面临三大挑战：

人口老龄化挑战社会保障体系的应对能力

首先，人口老龄化对社会保障覆盖面提出了挑战。我国上世纪80年代逐渐建立起来的社会保障制度本应遵循广覆盖原则，可是，现有的社会保障制度没有做到应保尽保，覆盖面非常有限。2004年全国参加基本养老保险人数为1.64亿，占人口总数的12.57%，2005年为1.74亿，占人口总数的13.38%。虽然覆盖面有所上升，但是远远低于国际劳工组织规定的20%的最低线。

其次，人口老龄化对现行的家庭养老方式提出了挑战。我国现行的养老方式是以家庭养老为基础、社会养老为依托、机构养老为补充的家庭养老方式。但是，人口老龄化所产生的"四、二、一"家庭模式和抚养系数比上升将使得现行的家庭养老模式发生困难。一方面，人口老龄化普遍产生了"四位老人、一对年轻夫妇以及一个未成年小孩"这样一种家庭结构模式，另一方面，它也导致老年抚养比从1964年的6.3%逐渐上升到2013年的13.29%，到2050年甚至会达到33%。在人口流动频繁的今天，这两种情况必然导致家庭物质供养、生活照料以及精神安慰等方面严重缺乏，依靠现有的家庭养老方式难以实现养老目标。

再次，人口老龄化对我国养老金支付能力提出了挑战。为了解决新中国成立以来城镇职工养老保障存在的矛盾与困难，我国实行了"个人账户与社会统筹"相结合的部分积累制度。但是，这种"老人老办法、新人新措施"的养老金制度在实际运行过程中必然产生"空账"问题，根据社科院研究成果，养老保险"空账"正在以25%左右的速度扩大。2011年城镇基本养老保险个人账户"空账"已经超过2.2万亿元，较2010年增加约5 000亿元。

最后，人口老龄化必然对我国医疗保障制度提出了挑战。老年人是一个容易患病的特殊群体，随着人口老龄化的加剧，他们对医疗保险的需求将会急剧增加。2000年全国参加基本医疗保险的离退休人员为924万人，2001年为1 815万人，2004年增加到3 359万人，当年医疗保险基金支出达到862亿元，比2003年上涨31.6%。根据人力资源社会保障部发布的《2013年度人力资源和社会保障事业发展统计公报》显示，2013年年末全国参加城镇基本医疗保险人数为57 073万，比上年年末增加3 431万。其中，参加城镇职工基本医疗保险人数27 443万，比上年年末增加958万；参加城镇居民基本医疗保险人数为29 629万，比上年年末增加2 474万。在职工基本医疗保险参保人数中，参保职工20 501万人，参保退休人员6 942万人，分别比上年年末增加640万人和318万人。2013年年末参加医疗保险的农民工人数为5 018万，比上年年末增加22万人。2013年全年城镇基本医疗保险基金总收入8 248亿元，支出6 801亿元，分别比上年增长18.9%和22.7%。2013年年末城镇基本医疗统筹基金累计结存5 794亿元（含城镇居民基本医疗保险基金累计结存987亿元），个人账户积累3 323亿元。由于我国目前离退休人员医疗费用实行国家与单位共同负担，因此，在离退休人员高速增长的情况下，人口老龄化对整个医疗费用的承受能力提出了严峻挑战。

人口老龄化挑战劳动力结构的调整能力

人口老龄化对劳动力结构的冲击与挑战最为明显。与发达国家或地区不同，我国人口老龄化对劳动力的挑战主要不是体现在劳动力数量不足的问题上，而是深刻地体现在我国劳动力质量不能满足经济社会发展的需要。按照人口学家2006年的预测，如果现行的人口与计划生育政策保持不变，到2010年我国人口总数为13.39亿，2020年为14亿，2030年为14.15亿，2040年达到顶峰14.91亿后开始下降。与此同时，65岁以上老年人口分别为1.12亿、1.66亿、2.32亿、3.12亿，并继续上升。尽管如此，在2040年，也就是"人口红利"结束以前我国15—64岁的劳动人口绝对数量仍然达到9亿以上，即使到了2100年，劳动人口总数仍然超过8亿。

这就是说，今后100年内我国人口老龄化不会产生发达国家或地区国家出现的劳动力供给不足问题，而在于我国劳动力质量难以满足经济社会发展的需求。统计显示，我国15—64岁劳动年龄人口中，45岁以上的中老年劳动力人口比重从1990年的19%上升到2000年的24%以及2005年的27%左右，预计到2040年这部分劳动力人口将上升到37%左右。尽管这些人口拥有丰富的经验，但是他们接受新技术、采用新方法、使用新工艺、学习新知识的能力与水平一般要低于青年人，他们动手能力、协调能力也相对较弱，因而往往难以适应快节奏的经济社会活动，难以适应科技革命对劳动者自身的要求，从而不利于技术的革新以及生产率的提高，长此以往，必将削弱我国的综合竞争力。另外，中老年劳动者重新学习与培训的费用较高、职业流动性较差，他们往往是结构性失业的最先承担者，而且一旦失业常常很难就业。因此，在劳动力年龄结构发生变迁过程中如何采取措施，使中老年劳动力资源适应经济社会的发展就成为一个重要的课题。

人口老龄化挑战消费产业的服务能力

人是消费的主体与直接承担者，社会的发展总是为了满足人的某种需要。一定社会的消费水平、消费结构以及由此形成的产业结构总是与这个社会的人口构成因素密切相关。人口学家普遍的看法是：自2000年我国进入到老龄化社会以来，14岁以下的人口数量不断下降，而65岁以上的老年人口数量则不断上升，两者在2030年左右达到均衡后按照原来的运行规律继续反方向变动。因此，我们有理由相信，随着我国人口结构的转变，人口老龄化的加剧将使得未成年人口的消费品需求逐渐下降，而适应老年人口需求的各种消费品以及服务将会不断增加，并由此对我国现有的产业结构提出挑战。

一方面，14岁以下人口的消费总量逐渐下降，该群体的整体购买力也随之下降，针对该年龄段所生产的服装、日用品、保健品以及文化教育等数量及产业相对减少。如对尿布、奶瓶、玩具、少儿服装与食品、少儿图书、幼儿园、中小学教育等的需求将逐渐萎缩或减少，这些行业的从业人员也会相应减少。

另一方面，老年消费品需求增大，老年人口消费总量持续上升，从而改变人们的消费结构，影响人们的消费偏好。因此，适应老龄化、针对老年人自身需要的产品与服务，如老年服装、老年食品、老年保健用品、老年休闲旅游养生娱乐等的消费需求将越来越大。这种消费结构的变化又会自觉和不自觉地吸引更多的人员从事老年产业研究，开发老年消费市场，从而引发整个产业结构的调整与变迁。这样，社会必将大力兴建公共养老设施，扩大老年活动场所，增加老年服务项目，提升老年服务水平，发展老年服务产业。所有这些必将对我国消费结构以及产业结构的变动产生深远的影响。

三、我国空巢老人的养老问题突出

由全国老龄办发布的《我国城市居家养老服务研究》报告显示，目前全国城市老年人空巢家庭（包括独居）的比例已经达到49.7%，与2000年相比提高了7.7个百分点。

对地级以上大中城市的调查显示，老年人的空巢家庭（包括独居）比例更高，已经达到56.1%，其中独居老年人占12.1%，仅与配偶同住的占44%。随着经济社会发展，人们生活观念，住房条件的改善，以及独生子女的父母开始进入老年期，空巢现象将更加普遍，空巢期也将明显延长。与发达国家独居与夫妇空巢户高达70%～80%的比例相比，我国老年人空巢比例持续增加的趋势将是不可逆转的。

研究表明，85%以上的老年人有享受居家养老服务的意愿。而选择在养老院等养老机构养老的只占6%～8%。

四、我国老年人消费观念的转变分析

现在，我国老年人的消费行为特征已经发生了许多重要的转变，表现出消费观念年轻化、消费心理成熟化、家庭角色弱化和补偿心理强化等特点。然而，目前还缺少对我国老年消费者消费心理与消费行为的系统研究。

五、我国逐年提高企业退休人员基本养老金

第十二届全国人民代表大会常务委员会第十二次会议审议了国务院关于统筹推进城乡社会保障体系建设工作情况的报告。报告说，2020年我国人口预计达到14.3亿，为实现"全面建成覆盖城乡居民的社会保障体系"的目标，国务院有关部门已经制定并开始实施以养老、医疗保险为重点的全民参保登记计划，力争使基本养老保险制度覆盖人数在2017年达到9亿，到2020年达到10亿左右，将覆盖率由目前的80%提高到95%。

报告指出，截至2014年11月底，职工和城乡居民养老保险参保合计达8.37亿人，其中职工参保3.38亿人，城乡居民参保4.99亿人，待遇领取2.26亿人。全民医保基本实现。截至2014年11月底，城镇基本医疗保险参保5.9亿人，其中职工医保2.8亿人、居民医保3.1亿人，新农合参保7.35亿人，总覆盖超过13亿人，95%以上的城乡人口有了基本医疗保险。

报告指出，企业退休人员基本养老金水平连续10年调整，月人均水平

由2004年的647元提高到2014年的2 070元。2013年年底,全国城乡老年居民月人均养老金82元,其中各级政府全额负担的基础养老金76元。

上调企业退休人员基本养老金也有利于扩大内需。近年来,内需不足问题制约着我国经济结构调整和科学发展的步伐。上调养老金一方面增加了老年人的收入,让他们老有所养、敢于消费;另一方面也让他们的子女敢于消费。

上调养老金固然重要,更为重要的则是建立养老金调整的长效机制。首先,连续几年大幅度增加企业退休人员基本养老金,一旦中断养老金调整政策,可能引发新退休人员的不满。

目前一些省份在岗职工平均工资增长速度低于企业退休人员基本养老金增长速度;部分近年新退休人员的养老金已经低于前两年退休人员的基本养老金,这将引发新的矛盾。

更为重要的是,没有养老金调整的长效机制,很难确保基本养老保险基金收支平衡。某些地方当期基金收支持续出现赤字,且呈现逐年加大的势头,必须靠中央财政转移支付才能实现收支平衡。随着老年人口占总人口比例的增加,离退休人员的养老金要按时足额发放将面临巨大压力。

六、我国人口老龄化趋势及特征

(一)我国人口老龄化趋势与基本特征

所谓人口老龄化,是指老年人在总人口中的相对比例上升,按国际通行的标准,60岁以上的老年人口或65岁以上的老年人口在总人口中的比例超过10%和7%,即可看作达到了人口老龄化。这种变化既可以是由年龄金字塔底部少儿人口增长减慢所造成,也可以是顶部的老年人口增长加速所导致,人口学中称之为底部老龄化和顶部老龄化。发达国家经历了由底部老龄化到顶部老龄化的漫长演变过程。而我国,由于计划生育政策和人口预期寿命的延长,底部老龄化与顶部老龄化同时"夹击",人口老龄化的速度发展很快，形势越发严峻。

1999年是国际老年人年，十分巧合，据《中国人口科学》杂志的专家们测算，我国60岁及60岁以上人口在当年2月20日悄然越过占总人口10%的标准线，我国跨入了人口老龄化国家的行列。当时预计2000年年底，我国老年人口将达到1.32亿，2005年将达到2.8亿，届时将占总人口的18.46%。

（二）我国人口老龄化趋势大致可分为五个时期：

一是人口成年型向老年型的过渡期，即1982年至1999年。这一时期60岁以上老年人口由7 663万增加到1.26亿，老年人口在总人口中的比重从7.64%上升到10.1%，我国仅用了十几年的时间即完成了发达国家几十年甚至上百年的过渡期。

二是人口老龄化加速期，即2000年到2010年，这一时期老年人口将由1.32亿增长到1.73亿，老年人口的比重将从10.31%上升到12.54%。这一阶段，虽然我国已进入老龄化国家的行列，但是由于少儿的绝对数仍然很高，因此老龄化的速度并不是特别快，这期间老年人口比重平均每年上升0.1个百分点。我国计划生育工作所造成的家庭"少子化"还没有充分表现出来，在这一时期进入老年人行列的城市老人，平均有3.5个子女，农村老人平均有4.5个子女，这一阶段人口老龄化速度呈上升趋势。

三是人口老龄化高速增长期，即2010年到2040年。这一时期老年人口比重每年平均上升0.4个百分点。老年人口总数从1.73亿上升到4.09亿，老年人口比重从12.54%上升到26.53%，人口老龄化趋势达到顶峰。这是因为上世纪70年代末加大计划生育工作力度显现明显效应，生育率连续30年下降，独生子女的父母逐渐进入老年。

四是人口老龄化发展的减速期，即2040年到2060年。这期间老年人口比重每年上升的速度回落为0.1个百分点。尽管此时65岁以上的老人比重已达21%，但预计最高也不会超过25%。

五是人口老龄化发展稳定期，即2060年以后。二十一世纪60年代老年人口比重将停止上升，全国人口基本上趋于稳定，人口总量逐步回落。

（三）综观我国人口老龄化的发展趋势，呈现以下五个特征。

1. 我国老龄人口绝对值为世界之冠

由于我国人口基数大，加上三十多年改革开放，人民生活水平日益提高，医疗卫生条件得到明显改善，人口预期寿命日益延长，老年人口逐年增加，到目前已接近1.32亿，我国成为全世界老年人口最多的国家，占世界老年人口总数的1/5，占亚洲老年人口总数的1/2。解决好我国老年人口问题，对亚洲和世界来说举足轻重。

2. 人口老龄化发展速度快

如上所述，由于底部老龄化与顶部老龄化同时作用，我国人口年龄结构从成年型进入老年型仅用了18年左右的时间，与发达国家相比，速度十分惊人。法国完成这一过程用了115年，瑞士用了85年，美国用了60年，英国用了45年，最短的日本也用了25年。由于我国人口政策的作用，改变了世界老龄人口的发展格局，即人口老龄化不仅成为发达国家的问题，也已经开始成为发展中国家的问题。

3. 我国人口未富先老，对经济压力很大

发达国家人口老龄化伴随着城市化和工业化，呈渐进的步伐。当它们的65岁以上老龄人口达到7%时，人均GNP一般在1万美元以上。而我国进入老龄化国家时，人均GNP仅为800美元，发达国家的人口是先富后老，我国是未富先老，人口老龄化对经济的压力很大。

4. 老年人口在区域分布上不均衡

在东部经济发达地区和大中城市，人口已经进入老龄化阶段。如上海市2000年老年人口已达238万，占总人口的18.5%，到2025年将达到最高峰468.8万，占总人口的32.7%；北京2000年老年人口为188万，占总人口的14.6%，到2025年将会猛增到416万，老年人口的比例接近30%，大大超过现在发达国家人口老龄化的程度。而在中西部地区，人口老龄化的程度低于东部。

另外，人口老龄化的趋势，就静态而言，由于农村婴儿出生率高于城市，因此老龄化程度城市高于农村；但就动态而言，由于农村越来越多的青壮年携带子女流入城镇，因此城乡老龄化的程度正在接近，农村人口老龄化的问题也日益突出。

5. 老龄人口高龄化趋势十分明显

人口学中认定，60—69岁为低龄老年人口，70—79岁为中龄老年人口，80岁以上为高龄老年人口。过去说"人活七十古来稀"，现在说"活到七十不稀奇"。我国高龄老年人口以每年5.4%的速度增长，高龄人口已从1990年的800万增长到2000年的1 100万，到2020年将达到2 780万。高龄人口丧偶和患病的概率大，高龄女性多于男性，高龄老人生活自理能力差。因此他们不仅需要经济上的供养，还需要生活上的照料。

第二章 养老体系概述

第一节 养老体系及理念

每个国家养老体系的形成和发展过程,取决于该国的社会福利发展理念。在西欧一些国家,社会福利概念的界定是一个包括一切以帮助所有社会成员获得令人满意的生活与健康为目标的、有组织的社会服务制度和机制内涵的广泛概念。具体来说,社会福利包含全部的公共文化、教育、卫生保健、社会保障和社会救济项目,典型的例子就是在北欧国家中建立的从摇篮到坟墓的全面国家负责的社会福利体系。在这些国家中,社会福利与每个作为公民的个人息息相关,与健康、住房、教育、就业、退休等生活领域密切相关,是物质生活保障和可接受生活质量标准的体现,更是公民基本权利的体现。其中针对老年人的福利是社会福利的重要组成部分,备受各国政府重视。许多国家建立了完整的老年护理制度,其中既包括现金给付,也包括提供服务。

在发达国家针对养老服务既有养老事业的概念,也有养老产业的概念,即基本保障和服务改善。养老事业是指为老年人基本生活服务这一部分。它是由政府主办的、以老年人为对象的公共服务事业，并以法律的形式保证其公平和公正性，为老年人提供服务的非营利性事业。老年人享受养老服务是他们的普遍权利。不论是谁，不论何时，只要有服务需求就有获得服务的权利。通常情况下，对老年人的福利性养老服务事业在发达国家被看作神圣不可侵犯的领域，尽管民营化和市场化的呼声很高，但在付诸实施时还是非常慎重的。

至于养老产业的概念，在西欧发达国家只是近些年来才开始使用，它是以老年人为对象，以满足高层次生活、文化需求为目标，向老年人提供商品和服务的相关民间营利事业活动的总称。从住宅关联产业（面向老人带有护理功能的住宅，收费的高档老人公寓）到护理用品、日用品等生活关联产业以及休闲娱乐关联产业，涉及面很广。由于西欧各国老年人的生活保障几乎都能在国家负责的正式制度范围内得到解决，所以养老产业一词不太被使用。然而，随着经济的发展和社会的进步，人们的生活方式的多样化，单纯的国家福利已经难以满足老年人生活多样化的需求，老年人福利服务朝着多样化方向发展，养老产业的概念才逐渐为社会接受。

总之，在成熟的福利国家养老体系中，养老事业和养老产业是两个界限分明的概念，前者属政府提供公共物品、公共服务的范畴，后者属民间营利性服务产业范畴。前者体现了保障老年人基本生活需求的政府责任，是普遍性福利理念。后者是满足老年人生活多样化、更高层次生活需求的市场模式的产业概念。

现今世界典型的福利模式可以分为三个模式，相应的养老服务也分为三种模式。一种是北欧式的统一主义的福利模式，一种是美国式的新自由主义的福利模式，还有一种是日本式的福利社会模式。

如上所述，养老服务的三种模式和社会福利三种模式相符合。统一主义的模式的主要特点是国家对资源的整合和分配具有绝对的主导权。该机制的形成不仅需要充分的公共资源，还需要有保证人民平等权利的民主主义的议会体制以及对政府权力进行有效监督的法律制度。新自由主义模式是里根政府为了缩小政府规模，减少财政支出，把当时在退休金、失业金、医疗保险等福祉事业方面政府所承担的功能移交给市场。新自由主义高唱这种改革是为了通过民间机构的经济活动提高效率，纠正统一主义的模式中存在的资源浪费和效率低下。日本式的多元化模式在强调国家增加福利投入的同时，加强制定促进家庭，社区，工作单位各成员间的连带与互助。在全民保障的总方针下，医疗和年金方面都实行了行业性共同组合式保险，对没有受雇于任何单位的自由职业者和农民提供国民医疗保险和国民年金的制度。同时，为了应对突发性灾难所引起的家庭经济困难，通过国家邮局系统对每个家庭提供一定限度以内的具有保险功能的储蓄商品，以此来调动家庭成员间的连带与互助机制。

  从二十世纪70年代开始，随着经济危机的到来，福利国家也面临财政危机。在重构福利制度过程中，许多国家把老年照顾制度作为重点内容之一，在完善老年护理供给体制的实践中，一方面积极推进福利多元主义，引进市场化改革机制，促进照顾服务提供主体多元化和供给方式的多样化，以提高老年照顾的质量和效率，增大了个人对照顾服务选择的自由；另一方面重新整合照顾资源，重点发展社区照顾，以便更好地满足老人的照顾需求。但有一点应该明确的是，西欧国家的民营化并非完全市场化，更确切地说应是修正的民营化，其中尽管政府服务提供的责任会减少些，但政府维持政策制定和资金资助的责任并未减轻，并且通过统制价格来对服务市场进行规制。实质上发达国家或地区福利国家的福利改革越来越关注的是提高成本效益和服务质量，要在公共和私人部门之间、在平等和效率之间、在国家和市场之间寻找新的均衡发展。

第二节 我国养老体系的形成、发展历程

就养老体系而言，包括基本保障和服务改善两个方面，大致分为服务管理体系、保险保障体系和服务产业体系三个组成部分。

由于受政治、经济和文化等因素的影响，我国的养老体系构建有其特殊的发展历程，其展开过程依附于我国的整体社会福利发展进程。在我国，社会保障包括社会保险、社会救助、社会福利和优抚。社会福利作为社会保障体系中的一个子系统，过去专指各级民政部门负责的各种福利事务和传统的由单位包办的职业福利以及价格补贴等。这已经成为约定俗成的概念。

一、计划经济条件下的养老制度

在计划经济体制下，政府举办的老龄公共事业的内容很少，覆盖范围也窄，仅限于处在边缘的弱势群体的施舍性救助。相反，由于企业办社会的现象严重，社会福利概念被误导为企业福利或单位福利，导致一般城镇老年人的一切生活都由所在单位负责，有了就业保障就有了从生到死的生活保障。老后的保障由单位内部的福利制度解决，其结果是不同层次、不同群体、不同职业的人员享受的福利待遇也不同。而农村老人的养老服务除了五保家庭外，主要靠家庭来提供。改革开放之前，城镇家庭的养老功能强大，家庭和单位合力使老年人的养老服务资源得到很好的发挥，尽管资源有限，但各尽其力。在农村，政府和集体合力为五保老年人提供养老服务，而其他农村居民只有靠家庭，有时需要求助亲戚和邻里来照顾。我国社会的二元结构特征在养老服务领域也表现得淋漓尽致。

二、改革开放时期的养老模式变化

改革开放以后,随着市场经济的介入,单位人演变为社会人,企业办社会的现象逐步减少。很多企业在转轨后,职工已经完全失去了享受单位福利待遇的机会,退休后实行社会化管理。迄今为止,依靠单位提供全部养老服务的时代已经一去不复返,取而代之的是由社区和企业以及各种组织提供的养老服务。同时,由于计划生育政策的实施,在养老服务层面上扮演主要角色的家庭功能也产生逐渐弱化的趋势。

在我国,家庭养老是一种制度化的传统,历史悠久,而且在目前依然是主流的养老方式。然而,随着经济发展、社会转型、人口结构变动等诸多因素的影响,这一方式正面临着前所未有的挑战。由于我国处于转型时期,最应该承担责任的政府无论从制度上、政策上还是财力上都没有做好准备。公共需求与政府提供公共物品、公共服务能力的矛盾凸现。随着人口、经济、政治、文化等社会结构的急剧变动,原有的养老服务赖以存在的社会基础发生了重大变化,为适应时代要求,重构养老体系成为当务之急。

在未富先老的前提下,应对突如其来的老龄化,政府不得不发动社会力量来共同发展老龄事业,即所谓的社会福利社会化。在2000年2月,各部委联合发布了《关于加快实现社会福利社会化的意见》,明确提出推进社会福利社会化的福利政策。主张在供养方式方面坚持以居家为基础、以社区为依托、以社会福利机构为补充的发展导向,国家资助社会各方面力量积极兴办社会福利事业。我国的社会福利社会化包括提供主体多元化、服务对象公众化、服务方式的多样化和服务队伍的专业化。在这"四化"中,最重要的是提供主体的多元化。也就是说社会福利社会化的主要特征之一就是提供福利服务主体的多元化。

社会福利社会化是一个有我国特色的概念。传统文献并没有社会福利社会化这个概念,与之比较接近的是社会福利民营化。所谓"社会福利民营化",是指政府将社会福利的供给,完全或部分转移到民营部门,同时引进市场运营规则,以价格机制调节供需,重视成本回收,并强调使用服务者的购买力和受益者付费等措施,分配并有效利用服务的资源。

发达国家或地区在公共管理变革中的一个重要服务手段的创新,就是在公共服务中引入市场机制。其本意是,政府可以把一些养老公共服务项目通过市场化手段,如委托、代理、合同、购买服务等形式,让民间组织、第三部门、更多私人机构来承担,政府提供资金,制定标准,进行监督和管理,让一些民营资本进入养老服务领域,与公共部门形成竞争,从而进一步提高老人群体对公共服务的满意度,比如日本的护理保险。老人享受护理保险的时候,可以自由选择服务方式,有民间提供的,有家庭提供的,有福利法人提供的。但不论谁提供的,其费用都是由政府主办的护理保险给付。而我国改革开放以后的福利服务的社会化,并不是发达国家或地区普遍性福利理念上的服务主体多元化(民营化)、服务内容多样化。我国的社会福利社会化在某些方面被扭曲了。有些地方出现通过养老服务市场化,政府向社会、向市场卸包袱,政府完全撒手不管,放鸭子式的社会养老模式,从而导致一系列后果。

三、改革开放前后养老体系的比较

改革开放前后的养老服务体系发生了根本性变化。因为福利体系发生了根本性变化。改革的最大变化就是养老服务的主题和客体都发生了巨大变化。开放前的养老服务主要依靠家庭和单位,虽然保障水平不高,模式单一,但基本能满足老人需求,老人可以安度晚年。这种养老方式比较符合计划经济条件下的社会经济制度,是一种与社会经济体制相和谐的养老服务体系,对社会安定发挥了很大作用。改革开放以后,福利服务的主体性发生了变化,养老服务的主体也随之发生变化,从以往的家庭为主和单位为主向多样化方向发展。这是社会主义市场经济体制发展的必然要求。另外,养老服务的对象也发生了变化,从以往的限定人群向全体老人方向转变。这是养老服务社会化的需求。

第三节 养老事业与养老产业

养老事业与养老产业的正确界定与区分对厘清政府、市场与社会组织在养老体系中职责分工与功能界定，起着合理分配政府和市场资源的作用。就老年服务而言，基本保障服务属于政府职责，属于养老事业范畴；改善提高服务应该依靠市场解决，属于养老产业范畴。

一、养老事业特点

一个国家对养老服务性质如何界定，受该国政府对社会福利概念和理念的理解和认识的影响，取决于政府对社会福利政策的价值取向。养老服务可以被看成第三产业的一部分，但是它具有与其他第三产业不同的复杂性和特殊性。它既有市场性的特征，但更重要的是有公共性及福利性的特点。它与第一、第二、第三产业及信息产业都有交叉和渗透。针对老年人的农副产品的生产具有第一产业的属性；老年用品及护理设施的生产具有第二产业的属性；老年家政服务、老年健康护理具有第三产业的属性；随着网络经济的发展，一些企业和机构开始为老年人提供网络咨询和实行远程教育，这又具有信息产业的属性。养老服务不是传统意义上的独立的产业部门，它涉及许多领域，既包括生产型产业，又包括服务型产业。

二、养老产业的特点

养老产业并不是传统意义上的独立产业，是随着财富阶层的增加和人口老龄化以及人口年龄结构的转变，为满足这样一些人群的需求而出现的新兴产业；是指为有养生需求人群和老年人提供特殊商品、设施以及服务，满足有养生需求人群和老年人特殊需要的、具有同类属性的行业、企业经济活动的产业集合；是依托第一、第二和传统的第三产业派生出来的特殊的综合性产业，具有明显的公共性、福利性和盈利性。

三、我国养老产业和老龄事业的关系

人口老龄化是一个世界性的话题，我国正在跑步进入老龄化社会，老龄化的速度和程度超乎想象。目前我国已成为世界上唯一一个老年人口超过一亿的国家。据民政部印发的《2013年社会服务发展统计公报》显示，截至2013年年底，我国60岁及以上老年人口20 243万人，占总人口的14.9%。其中，65岁及以上人口13 161万人，占总人口的9.7%。

《公报》指出，截至2013年年底，全国各类养老服务机构42 475个，拥有床位493.7万张，比2012年增长18.9%（每千名老年人拥有养老床位24.4张，比2012年增长13.9%），其中社区留宿和日间照料床位64.1万张。2013年年末收留抚养老年人307.4万人，比2012年增长5.5%。

截至2013年年底，全国共有老龄事业单位2 571个，老年法律援助中心2.1万个，老年维权协调组织7.8万个，老年学校5.4万个、在校学习人员692万人，各类老年活动室36万个。首先是速度快，老年人口比重从2005年的11%升至2020年的17%，预计只需要15年，老龄化发展速度大大快于世界平均水平。其次是来得早，人口老龄化超前于社会经济的发展。发达国家多数是在完成工业化、人均GDP达到1万美元后进入老龄社会，而我国1999年进入老龄社会时人均GDP还在3000美元以下。三是寿龄高，目前我国人口的人均寿命已经达到72岁，2009年80岁以上的老年人口达2 000万左右，10年来，80岁以上的高龄人口增加了近一倍。

在社会经济转型过程中，快速老龄化往往会引发老年人的生理、心理和社会等方面问题。当前，我国老年人面临的最主要困难是看病难、收入减少、行动不便、住房拥挤、家务繁重、生活无人照顾、购物不方便等等。而老年人的社会服务需求主要集中在饮食供应、医疗护理、文化娱乐、体育活动、家庭关系调节等方面。

解决我国人口老龄化所带来的日益增长的老年人养老需求，除了不断完善养老保障体制外，最紧迫的要从以下两个方面努力。一是要运用政策导向和市场机制，积极推进老龄事业社会化，支持扶助发展老龄服务业。在这方面，发达国家或地区老龄服务业发展较快。我国也应当借鉴其老龄服务业发展的经验，发展具有我国特色的老龄服务业。二是整合现有资源，大力发展居家养老，拓展社区服务功能。2005年我曾率全国政协考察团到瑞典、德国、法国对老龄人口情况进行考察。在调研中我们了解到，二十世纪80年代以来，一些发达国家把大量的养老经费用于居家养老服务，并且制定了促进居家养老服务的法规政策。瑞、德、法这三个国家都属于高收入高福利国家，尽管老人都有不错的收入，但真正选择去福利院养老的并不多。目前我国主要的养老模式还是家庭养老，大力发展居家养老和社区养老服务是最符合我国的文化传统和现实国情的养老模式。

第四节 重构我国养老体系，需要理念和机制创新

一、我国养老体系的问题

我国的养老服务的特点和问题可归纳为如下几个方面：

第一，福利社会化进程中，养老服务提供的主体多元化，但各主体之间的竞争不公平。 我国养老服务的内容可以包括微观经济领域由私营企业或非营利机构提供的产品和服务，又包括由政府公共部门提供的公共产品

或公共服务。虽然福利社会化中，养老服务提供的主体多元化，但是政府和民间的竞争环境完全不同。政府举办的养老服务完全由政府出资，被同行业称为皇帝的孩子；而民间资本兴办的养老服务却由自己出资负担，被称为百姓的孩子，有时候他们应该享受的优惠政策也不到位。

从整个老年服务行业来看，民办养老院由于竞争起点和竞争过程的不公，必然导致其竞争结果的失败，这不利于提升老年服务行业自身的竞争力。公平竞争原则的失效，难以发挥出市场机制的基础资源配置作用。而长期的垄断行为本身将使经营者缺乏市场观念和风险意识，不利于提高养老服务的质量水平，最终使得老年服务行业陷于恶性循环，难以持续健康地发展。

第二，养老服务发展趋势向着营利性产业化方向发展。不论是政府举办的养老服务，还是非政府部门兴办的养老服务，其发展趋势还是一目了然，即向着盈利性产业化方向发展。比如就养老设施来看，我国现有经营较好的国办养老院很多是在原先计划经济体制下，由纯福利模式的福利院、敬老院发展转型而来，其经营思路在转型过程中不断被市场同化，大多已经不再保留原先的以福利性和公益性为唯一目标的经营理念，而是向社会全面开放，以市场需求为基本经营原则提供多元化的养老服务。

而那些在老龄化大潮到来之后，瞄准养老市场纷纷创办的民办养老院更是坚定不移地贯彻着产业化、市场化的发展思路，很多人误认为整个养老服务业会成为二十一世纪的无风险商机。因此，在养老院的建设上，更多趋向于创办中高层次老年公寓；在对老年服务的供给上，出现了较多的违背老年人基本生活需要的季节性或度假性质的养老服务，而基本的食宿医疗等养老服务提供严重不足；在提供服务的目标人群上，将目光更多地关注在经济条件较好的部分老年人身上，大多数年老后收入水平较低的贫困老年人只能望而却步。

第三，市场化经营、行政化管理的畸形发展。

在我国经济体制转型的大背景下，虽然我国现有的养老服务机构大部分已经开始遵循市场化经营发展思路。但是，我国的相关法律法规以及政策制度支持还停留在计划经济时代。因此，我国的养老服务行业实质上是在经营上走着产业化的新路，而在管理上穿着事业化的旧鞋。这不仅表现为我国对于养老服务行业的相关政策补贴措施迟迟未能出台，更为关键的是在很多国办养老院经营形势一片大好的情况下，其管理依然遵循着传统事业单位的方式，不仅在项目建设上享有高额的政府财政拨款支持，并且管理费用也完全由地方政府财政负担，这从根本上导致了国办养老院行业垄断地位的形成。

转轨时期的特点是计划和市场同时或交替发生作用，这种渐进式的改革方式，在养老服务中也得到体现，结果是我国的养老服务的发展道路既不是完全意义上的产业化道路，也不是传统意义上的事业化道路，而是集合了二者弊端的市场化经营、行政化管理的畸形发展道路。而社会福利社会化要求的养老服务的发展目标应当是福利化经营、企业化管理。这与我国现有的发展道路正好相反。 以上只是就养老设施这一服务方式进行的分析，其他服务方式也是一样，在概念界限模糊中求生，在产业和事业间徘徊，在不公平的竞争中求发展。虽然国家在2005年的《意见》中界定了养老服务机构是非营利性公益性的机构，但对这些非营利性机构如何扶植、如何发展等实质性问题却没有给出答案。

事实上，虽然社会福利社会化给老人们提供了更多可选择的服务和产品，但由于他们的收入和享受其他社会保障的程度不同，他们所在的地区的财政收入以及政府的福利理念不同，他们享受的服务范围很窄。换句话说，我国的福利多元模式是限定性多元模式，而不是普遍性多元模式。造成上述情况的主要原因在政府。限定性多元化福利模式从另一个角度看，政府也限定了自己的责任。在市场化的社会里，政府的福利功能不是减弱而应该是增加。这种增加不仅是总量的增加，更重要的是结构的合理。也就是说需要政府来厘清养老服务的性质，并明确多元化体系中各种提供主体的各自责任和功能。

二、重新构建养老体系

综上所述，养老服务与传统产业不同，它是具有福利性、公益性的事业，其特点是在服务中需要民间和政府资源最佳整合，通过竞争和互助机制满足老人多样化需求。通过多样化的制度安排实现公共服务提供的效率是重中之重。

我国的养老服务要首先强调它的福利性、公益性，但同时也要利用市场机制来提高服务效率。养老服务的构成要素为提供者、生产者和消费者，这三方主体之间的常规关系决定着养老服务的质量和发展。政府是养老服务业的提供者，但不直接提供服务，政府通过两个渠道来援助养老服务。一是通过政策、资金和规则，把直接提供服务的生产者权力交给社会来做，并使服务的生产者获得了独立的地位。而生产者和消费者之间是市场上的交换关系。上海市对养老机构床位补贴政策就属于这类做法。二是政府以资金资助的形式，把资金补助直接发给消费者，让消费者自己到市场上选择产品和服务，大连的货币化养老等属于这种做法。这里的生产者之间虽然有竞争，但是是在政府监管下的竞争。政府通过统制价格等手段，对竞争进行管理和干涉，从而保护消费者的利益。当然，对那些无依无靠的老年人，国家对他们的生活实行全面救助。救助方式也可以委托养老机构，也可以依托社区。

三、明确政府的责任是构建养老体系基础

要发展养老服务，就要增加政府对社会福利的财政投入并均衡分配财政投入。政府的责任，尤其是财力上的责任到底是多少，取决于政府对社会福利价值取向的判断。由于剩余型福利模式下的政府责任是有限的，在这一理念支配下，新中国成立六十年来，我国福利的支出一直处于囊中羞涩的尴尬境地。医疗、教育、社会保障三项基本公共服务不仅低于世界平

均水平，甚至还不如非洲一些国家。根据有关机构的研究，在福利项目支出方面，占全国人口约20%左右的城镇居民占有全国财政性福利支出的95%以上的份额；而占全国人口75%以上的乡村农民的财政性福利支出不足全国福利性支出的5%。当然，我国经济发展水平是一个制约性因素，但在改革开放后经济发展飞速的今天，老年人的共享社会发展成果的权利不应该被忽视，政府对福利的认识已经不能仅仅局限于对特定群体的慈善性救助，要从和谐社会的福利理念出发，把福利看成老年人的普遍权利，在我国经济社会发展水平相适应的条件下，适当改变对老年人福利的认识，不仅要在总量上增加投入，更要在结构上趋于合理，达到资源的最佳配置。

关于在公共服务中政府的责任，香港大学社会工作及社会行政管理系副系主任、香港特别行政区行政长官社会福利咨询委员会委员梁祖彬认为：在大社会，小政府或少政府，多市场和多元化政府的方向下，政府角色有所转变。政府只提供核心服务，加强依赖第三者，即非政府组织和商业组织提供服务。政府功能和角色由直接管理服务转变为直接管理提供服务组织，而这些组织亦变为第三者政府。在提供公共服务的过程中，政府需要发动和协调一个广大的组织网络。普遍依靠第三者政府分担公共服务功能的国家有美国、荷兰、爱尔兰、比利时、澳洲和英国。政府的新角色不是划船，而是掌舵，是协助性的政府，不需要直接提供服务。

总之，养老服务的健康发展受到市场竞争机制和公共服务机制的双重影响，养老服务是涵盖多个领域的综合体系，是由老年消费市场需求带动的新型社会事业。老龄化既给社会发展带来挑战，同时又给养老服务发展带来商机。虽然我国发展养老服务有其特殊的社会环境和经济环境，但随着经济发展和社会进步，限定性、多样化模式的养老服务要逐渐向普遍性、多样化福利模式靠近。

四、以人为本是构建现代养老体系的基本出发点

以科学发展观为指导,坚持以人为本,遵循构建社会主义和谐社会的目标给我们发展养老服务也提供了最好的理念,这不仅是实践中需要坚持的核心理念,也是实现老龄福利事业兴旺发达的前提条件。

改革开放使我国社会发生了巨大变动,这种变革也在影响福利领域,国民已经清楚认识到福利的提供不是政府对百姓的恩惠,而是政府对公民的义务。老年人需要的是普遍性、多样化福利,老年人群体利益要得到充分保障。只有这样才符合我国实现和谐社会的目标。

以人为本是科学发展观的主要内容,坚持以人为本,本质上是要把关注的目光从单一追求物质和财富的增长,逐渐转移到促进人的全面发展上来。养老服务的对象是老年人,对老年人来说,他们需要的服务也许不是最高级的服务,但一定是他们最想要的服务。因为普遍性福利还有一个重要的理念是老人的自我决定权。老人对自己老后的生活方式应该有自我决定的权利,而要充分保障老人的自我决定权利,就要给他们提供可以自由选择的多样化服务,而多样化的服务需要充分调动社会力量来提供。

首先重视老年群体特性,从他们的不同需要出发提供服务。从老年人群体的需求看,除具有和其他人群一样的消费需求之外,由于生理和心理的变化,还具有特殊的需求。物质消费需求体现在衣食住行及药品、医疗方面,精神需求体现在老年教育、老年旅游等各种文体活动方面,服务需求包括护理照料、精神慰藉、法律咨询等方面。

在消费观念和支付能力上,农村老人不同于城市老人;在生活格调和需求层次上,文化程度低的老人不同于文化程度高的老人;在需求结构上,低龄老人不同于高龄老人,健康老人不同于生活不能自理的老人。因此养老服务要树立以人为本的发展思路,尊重老年人的消费选择,重视老年人的生活需要,想老人之所想,提供体贴入微的老年专用产品和服务,供老人之所需。真正做到关怀老年人群,保证有质量的生活和生命,使他

们也能和其他年龄段的人群一样共享经济发展的成果。

五、整合养老服务资源

在我国现有的条件下，要满足老年人生存与发展的需求，首先要整合养老服务的资源，使资源得到最佳配置。养老服务有两个重要因素，一个是资金，一个是服务。在实践中，要充分发挥这两个因素的作用。

养老服务经费来源主要包括：政府财政拨款，集体投入、发行福利彩票、社会捐献、服务收费。这种多元化的资金筹集方式使得国家或集体作为投资主体的重要性在下降，社会组织、企业和个人在投资中扮演着越来越重要的角色。如果能够进一步优化投资主体的结构，必将为老年服务所需的资金提供更为充足的保障。与此同时，还要充分利用各种养老服务方式，为老人提供更好的服务。可以根据机构养老、社区养老和家庭养老的不同功能，提供不同的服务。其中养老机构应该针对老年人的不同需求，分成中、低、高档次以及三个档次都有的混合型服务，同时还要考虑老人需要照顾的程度不同，分为健康自理型、需要部分护理型和需要全面护理型的养老设施，使老人能有目的地选择。

在养老服务资源中，社区资源是最为宝贵的资源，可以说取之不尽。它不仅可以来自政府，也可以来自社区，来自企业和组织，也可以来自家庭和个人，还有志愿者。它可以给基本的养老服务提供宽广的平台。目前已经形成的养老机构，有社区养老院，有托老所，有活动室，有居家养老服务，有医疗服务和精神慰藉服务等。还有许多资源和功能有待挖掘。

六、养老体系的创新与完善

在社会福利社会化的背景下，全国各地都在进行探索和创新。创新是必要的，但创新只能是定在服务手段上的创新，如果超出了限定的框架，创新就要走样变味。养老服务是福利性的公共服务，它始终不能丢掉公益性和福利性的性质。在保持它的性质不变的基础上，把有限的服务资源合理整合，达到资源最佳配置。

从长远看，我们在养老服务具体提供方面，仍然应该引入市场机制，这一点必须明确起来。

养老服务面临许多问题要解决，如城市养老保障制度不够健全和完善，农民养老问题日益突出，老年人口中贫困人口的比例仍在增加；老年福利服务基础设施短缺，老年活动场所建设资金投入不足，养老服务发展滞后；老年人社会服务社会化管理和服务工作条块分割、为老人服务的社会中介机构发展缓慢，老龄政策法规体系建设还不完善，老年人合法权益的保障水平有待进一步提高等等。另外，尽管政府及时出台了退休人员社会化管理的决策，老龄者管理和服务走向了社会化、多样化，但其实质是老人接受的服务与老人的收入相关，虽然各种提供主体为老人提供了各种各样的服务，但是老人能接受的服务内容与质量取决于其收入水平。老人所享受的养老服务与他的养老金挂钩，与他是否拥有医疗保险挂钩，政府为老人提供的老后保障的水平，直接关系到我国养老服务的发展。何况老人的需求不仅有经济上的，也有生活和精神上的，现有的服务已经不能适应老人多样化的需求。

七、建立健全的社会保障制度

要从根本上解决老人老后生活保障问题，还是要从我国社会保障制度建设入手。只有建立健全的社会保障制度，老人生活才能有保障，否则有再好的服务，老人也只能望而却步。

有了制度保障以后，还要在服务的质和量上求提高、求发展。新公共服务运动倡导公共服务的市场化取向，认为应利用市场和社会力量，推行公共服务市场化，具体的措施如：采用合同制将市场机制引入公共服务领域；将公共服务承包给私人部门，可以提高服务的专业化水平，向民众提供品质优良的公共服务；推进公共服务领域的民营化改革，鼓励民间和社会资本进入公共服务领域。按照新公共管理的理念，私人部门和政府一样，均可以作为公共服务有效的供给者。这不仅可以提高公共服务的质量，还可以减轻地方财政的压力，挖掘非营利组织提供公共服务的优势。非营利组织因为更接近服务对象，所以能灵活地对服务对象的需求变化做出反应。

八、养老服务中引入竞争机制，构建以市场配置资源为主的养老产业体系

在我国市场经济不断深化发展的形势下，老年服务也要充分运用市场机制，养老机构要改变单一的由政府拨款的投资方式，通过采取承包经营、国办民营等形式，鼓励社会和个人投资于养老机构。

将竞争引入老年服务，提高服务的质量和专业化水平。通过多样的服务项目满足不同层次老年人的需要，为老年服务注入新的活力。企业通过了解老人的需求，把自身的产品和服务引进来，既开拓了企业的市场，又取得了企业的资金支持，达到了双赢的目的。

提供老年产品和服务的单位是相对独立的经营主体，按市场化的要求自主管理和运营。根据服务对象的需求，制定灵活、有效的市场战略，提供简单便捷、人性化的产品和服务。在满足老年人消费需求的同时，实现了社会效益，也达到了经济目的。目前国内部分企业推出了适合不同健康层次老年人的护理设施，对老年人的家居和浴卫设施进行了无障碍的改装。在满足服务需求方面，大连市由企业开办养老超市，开展养老、旅游、文化交流、咨询、配送等全方位的服务。

九、健全法制，规范管理，构建科学完善的监管服务体系

在我国养老体系构建的探索中，监督管理的规范问题很突出。首先对养老服务机构的定性不明确。另外，由于缺少统一规划，布局不合理的现象严重，政府对设施建设的投资比较重视，可是在管理服务上拨出的经费却少得可怜，管理人员的培训、参观学习考察、评比表彰等列不进事业经费预算，制约着行业的发展。同时，由于养老服务发展时间短，各机构依法管理的观念淡薄，养老服务标准体系建立不完善，分级分类管理职能发挥不足，服务管理经验不足，难以满足社会化需要。例如北京市大兴区有18所养老服务机构，经营性质有政府也有民办；权属级别上有区级的也有镇级的；房间设置上，有楼房还有平房；床位设置有百张以上，长年收养老人的，也有设置几十张床位，只收养十几位老人的；收养老人有社会自费的，也有政府供养的五保老人；院长的年龄、学历、阅历存在较大差异；从业人员情况复杂，各种差别导致经营理念、管理水平存在较大差异，不能很好地满足老年人日益增长变化的服务需求。另外，养老机构内存在专业人员队伍严重缺乏的现象，特别是中高级养老护理员、心理咨询师、康复人员和社会工作者基本上是空白。现有养护员基本上是下岗职工或外来打工人员，没有工作技能，年龄偏大，虽然经过简单培训，但接受能力差，观念陈旧，与老人多元化需求相比差距甚大。

在市场化进程中，为公共服务做规划，融资管理和监督，是政府单位最主要的功能，如果现实中存在上述问题，那就要首先追究政府的责任。政府要从国家福利体系设计者的角度重新设计福利制度，明确养老服务的性质和作用，并用法律和道德等手段对养老服务实现规范化管理。

要想使改革和发展从以往的政策层面纵深到制度层面，从浅层次的政策调整发展到深层次的制度安排，从政策创新走向制度创新，就要把改革、创新与制度设计联系在一起。离开了制度设计，改革和创新就没有保障。因此，关键在于厘清老年人福利、养老服务的突出矛盾和总体制度安排思路。

第三章 我国养老管理体系

第一节 我国养老管理体制的改革与现状

一、养老管理体制的含义

一般来说,工业化阶段老年保障体系主要由社会养老保险体系和社会养老服务(或称养老社会服务)体系组成,两大体系分别解决经济保障和服务保障问题。社会养老保险体系是指国家和社会通过相应的制度安排,为劳动者在达到国家规定的解除劳动义务的劳动年龄界限或因年老丧失劳动能力退出劳动岗位后提供相应的收入保障,保障基本生活的一种社会保险体系,目的是增强劳动者抵御老年风险的能力。社会养老服务体系与经济社会发展水平相适应,以满足老年人养老服务需求、提升老年人生活质量为目标,是面向所有老年人,提供生活照料、康复护理、精神慰藉、紧急救援和社会参与等设施、组织、人才和技术要素形成的网络以及配套的服务标准、运行机制和监管制度。要管理纷繁复杂的养老服务,就需要建立一整套完善的管理和服务体系,按照法定方式和程序,采取一定的方式、方法和手段,对养老服务进行计划、组织、领导、协调、控制及监督等。养老服务管理职能、机构设置、隶属关系、权限划分、管理机制等方面的总和就构成了养老服务管理体制。与国家立法体制与行政管理体制相适应,养老服务管理体制包含立法层次、行政主管层次、业务经办层次,分别履行着不同的职能。

二、计划经济时期的养老服务管理体制

整个计划经济时期,在城市,以劳动者为核心,针对企业职工建立了劳动保险制度,针对机关事业单位职工建立了退休、退职制度,对无单位的"三无"人员,则由民政部门通过街道进行社会救济。城市建立由内务部以及各级民政部门直接管理的社会福利服务机构,收养无依无靠、无劳动能力、无正常生活来源的孤寡老人,私人举办福利机构在这一时期基本上被禁止。在农村,普通农业劳动者仍然主要依靠家庭养老,只是由村集体对生活没有依靠的老、弱、孤、寡、残疾的村民给予五个方面的保障,从而建立了具有我国特色的五保供养制度。五保供养作为一项农村集体福利事业,一直是由村集体(先是农业生产合作社,1958年人民公社化后改为以生产大队为单位,1962年后又改为以生产队为单位)组织实施。为解决生活不能自理的老人的照料问题,一些地方兴办敬老院,将部分五保对象集中供养,逐步形成了集中供养和分散供养相结合的五保供养模式,其中以分散供养为主。

三、养老服务管理体制的恢复与改革

1978年,国家组建民政部,明确民政部主管机关人事、社会救济和社会福利工作。1982年政府机构改革,明确对社会上无依无靠、无家可归、无生活来源的人员,由民政部门主管救济。

这一时期民政部门对城市"三无"老人和农村五保户的老年保障管理职能没有太大变化，只是建立在集体经济基础上的五保制度逐渐难以运行后，才在1994年制定了《农村五保供养工作条例》，规定五保供养经费主要由乡村集体经济组织提供，从村提留和乡统筹费中列支，以适应实行家庭联产承包责任后农村财政管理体制的新变化。有些地方还从乡镇村办企业中提取一定的费用，用于供养五保户和兴办敬老院。对福利院、敬老院等公办养老机构的管理体制也仍然沿用过去的模式，民政部先后出台了《农村敬老院管理暂行办法》和《社会福利机构管理暂行办法》，规范了养老机构的管理体制。

值得注意的是，为缓解日益突出的老龄人口对养老服务的供需矛盾，二十世纪80年代中期民政部就提出了社会福利社会化的发展思路：允许社会福利机构利用剩余床位为有需要的社会成员提供有偿服务，并试图引进社会资本扩大养老服务的供给，为适应新形势，强化了养老服务的行业管理职能。2006年，国务院颁布了重新修订的《农村五保供养工作条例》，将农村五保供养由农村集体供养转为财政供养，并进一步规范了五保供养管理和服务工作。

四、养老服务管理体制的现状

民政部是社会福利和社会救济事业的主管部门，负责社会福利事业和社会救助的发展规划、政策和标准的制定工作，负责拟订社会福利机构管理办法，指导老年人权益保障工作。民政部与养老服务相关的司局是社会福利与慈善事业促进司。国务院民政部门负责指导全国社会福利机构管理工作，县级以上地方人民政府民政部门是社会福利机构的业务主管部门，对社会福利机构进行管理、监督和检查，制定社会福利机构设置规划，履行审批和年检职能。民政部门根据规定对养老机构实施监督管理，县级以上人民政府民政部门也会定期对养老机构的工作进行年度检查。

全国老龄工作委员会是国务院主管全国老龄工作的议事协调机构,委员会主任由国务院副总理担任,成员单位由国家26个部门组成,委员由各成员单位一位副部长级领导担任。委员会的主要职责,一是研究、制定老龄事业发展战略及重大政策,协调和推动有关部门实施老龄事业发展规划;二是协调和推动有关部门做好维护老年人权益的保障工作;三是协调和推动有关部门加强对老龄工作的宏观指导和综合管理,推动开展有利于老年人身心健康的各种活动;四是指导、督促和检查各省、自治区、直辖市的老龄工作;五是组织、协调联合国及其他国际组织有关老龄事务在国内的重大活动。委员会下设办公室,负责日常工作。省(自治区、直辖市)、地(市、州、盟)、县(市、区、旗)、乡镇(街道)各级政府均建立老龄工作委员会及其办事机构,村(居)民委员会有专人负责老龄工作。

第二节 我国老年服务管理体制的主要问题

我国老年服务管理体制在过去几十年里有了很大的改进,明显朝着更加法制化、社会化、科学化、高效化的方向发展。但现行老年服务管理体制还不能够说已经十分健全,还有不少问题。

一、养老保障法制化程度低

进入新世纪以来,我国立法机关明显加快了老年保障立法的进度,立法的透明度和全民参与的程度也在不断提高。但从总体来看,老年保障仍然是立法的薄弱领域,老年保障事务在很大程度上还是依赖国务院有关规定、指导意见和部门规章以及地方性规章运行,其中行政管理机构起着实质性的作用。立法缺位导致制度具有较大的不确定性，行政机关主导决策，制定过程高度封闭同时又得不到有效监督和制约，无论怎样公平、公正，都难以实现让其他责任主体平等参与制度建设的目标，很难保证政策的公正性和公信力。由统筹地区制定的老年保障法规和政策层次低、效力差，且不同地区差异较大，无法相互认可，使得政策"碎片化"现象更加严重。

二、政府养老服务行业管理职能比较薄弱

主管部门应当主要承担的设置规划、审批、年检、机构评估、提供行业发展服务方面的职能偏弱，完善的行业管理体制尚未建立，存在养老服务体系还不健全、建设标准和服务规范缺乏、行业准入缺失、机构自律和市场监管缺位等方面的问题。

我国养老服务市场发育还不充分，民办养老服务机构发展的制约因素比较多，致使行业开放不足、社会资本参与程度不高、运行机制不灵活。国家针对民办养老服务机构虽然下发了文件，在税收、土地、信贷、水、电等方面做出了原则性的规定，但由于有关部门和地方没有制定可操作的措施和办法，国家政策落实难的情况还普遍存在。与此同时，一些享受国家补贴的应主要面向低收入的、难以被市场接纳的老年群体的公办养老机构直接参与市场竞争，入住对象不管贫困与否不做甄别，挤占了民办养老服务机构的发展空间。由于主管部门行业指导和行业管理缺位，民办养老服务机构基本上处于自由放任状态，在行业指导、接受监督和行业自律上非常欠缺。行业组织照搬政府部门的模式，在横向沟通交流和对上反映诉求方面渠道不畅。同时，因国家没有颁布行业服务标准，对服务的监管和纠纷的处理还很不规范。近年来，围绕着社会养老服务还衍生出互助养老、"反向住房抵押贷款"、旅游养老、"候鸟式"养老（随着季节和时令的变化而变换生活地点的养老方式）、异地养老等不同的养老方式。预

计随着老年消费结构的升级，社会养老服务领域还会出现更多更新的经营模式，在这方面政府的行业管理能力还很弱，有关行业管理的准入、监管、服务规范、标准不够完善。

三、主管部门统筹养老事业的权限不足

在政府管理体系内部，存在着权力较为分散的弊端，导致主管部门难以集权监管和有效问责。尽管民政部门对社会养老服务体系建设负有政策促进和监督管理之责，但由于针对各类养老机构的优惠政策涉及民政、劳动保障、教育、卫生、工商、税务等许多部门，单靠民政部门难以统筹协调，各个部门之间无法形成合力，直接影响了养老服务行业的健康发展。特别要指出的是，民政部门长期以来形成的对公办养老机构的直接管理方式不见得适用于对养老服务行业的监督管理。实际上，目前对社会养老机构的监督工作由各级民政部门、卫生部门、消防部门、社区等主体承担，民政部门对养老机构的监督管理仅集中在原则上的报告审批、程序规范性的审查，对于机构实际情况缺乏了解，且在监督和评估的过程中往往容易出现多头管理、互相推诿的情况。

四、老年服务行业管理方式十分粗放

老年服务资源被城乡、部门、单位分割，没有得到有效整合。由于政府职能部门的分割，造成民政、卫生等部门的资源难以互换共享，甚至在区域之间、城乡之间发展不平衡，即使在同一地区，由于缺乏科学的规划指导，养老机构有的要排队等候、一床难求，有的无人问津、床位闲置。由于缺乏顶层设计和总体规划，我国还未根据照料程度的不同对养老机构的功能定位进行区分。由于我国养老服务行业发展还处于初期阶段，大多数养老机构还属于混合型养老机构，专业化程度比较低，收养对象参差不

齐，包括生活能基本自理的到长期卧床不起的，甚至还有患有精神疾病或智力缺陷的老人。在划分养老机构类型的时候，往往不是按照养老机构的功能分类，而是按照行政级别、设施规模、所有制形态等分类，既不科学又不合理。从目前我国养老机构的功能来看，除属于卫生部门主管的老年护理医院（也称老年护理院）与民政部门主管的老年公寓在收养的老人需照料程度上有明显差别外，一般的社会福利院、敬老院均未进行功能定位，其收养的老人涵盖从生活基本能自理的一直到长期卧床不起的，甚至需要"临终关怀"的。这些养老机构只是在机构内部按收养老人需照料程度的不同，分成专门护理、一级护理、二级护理、三级护理等几类，实行分部或分区管理，尚无专门收养需专门护理和一级护理的养老机构。这种不加区别的粗放管理方式已经难以适应人民群众多层次、多样化的养老服务需求现状。

五、公办养老机构仍按照行政方式运行

由于职能转变不到位，原有体制的障碍和束缚尚未完全破除。主管部门既是政策制定者，也是养老服务业举办者，还是养老服务行业管理者。主管部门管理着规模庞大的直属单位（民政主管部门除管理养老机构外，往往还管理着社团、殡葬、婚姻、社会福利、社会救济等社会服务机构，业务范围非常宽），主要精力被牵扯到系统内部的管理上，面向全社会的社会管理和公共服务职能受到制约。客观地说，许多地方在养老服务管理体制方面，已经形成了政事分开、管办分离的改革思路，也进行了一些探索，但一直没有找到有效的实现形式，现实中公办养老机构仍依照行政机关的模式进行管理，缺乏有效的激励竞争机制和合理的分配制度，自我发展的动力和活力明显不足，不能适应日趋多样化、个性化的养老服务需求，造成了严重的结构性矛盾。在主管部门的庇护下，公办养老机构一方面同民办养老机构一起参与养老服务市场活动，不少公办养老机构主要收

住能够自理的老人或经济条件不错的老人,而非"三无"对象,造成服务对象的错位,偏离了政府举办公办养老机构的功能定位。另一方面,公办养老机构又享受着公共资源的倾斜支持,极大地扭曲了养老服务市场。

第三节 我国养老管理体制改革的思路与建议

我国正在经历世界历史上规模最大、速度最快的老龄化过程,要实现"老有所养"的目标,必须加快完善养老服务体系,特别是要构建科学合理的养老服务管理体制。

一、养老管理职能与举办机构职能分离,推动政府职能向提供基本公共养老服务和监管转变

转变在社会主义市场经济条件下,政府没有也不可能满足所有老年人口的养老服务需求,但是在一个社会中总有一些收入较低的老年人需要在政府的支持下获得基本的公共养老服务,这是政府举办公办养老机构的立足点。公办养老机构应当坚持保基本,提供的基本上是免费服务,或是低于成本、收费很少的服务,重点保障农村"五保"、城市"三无"、城乡低收入和失能、失智等特殊老年群体的基本养老服务,努力实现城乡基本公共养老服务均等化。

应将现有管理不规范、服务水平差的公办养老机构,委托给社会力量来管理和运营,明确公办养老机构在各类所有制性质的养老机构中起到基础性、示范性的辐射带动作用,同时要积极探索政府花钱购买养老服务的机制。对现有的公办养老机构要创新管理方式,改革内部管理体制和运行机制,要改变过去直接办养老服务机构的模式,积极探索政事分开、政社

分开、管办分开、盈利性和非营利性分开的多种实现形式，落实公办养老机构的独立法人地位，建立科学、合理的公办养老机构管理体制。政府主管部门要切实履行好发展规划、资格准入、规范标准、服务监管等养老服务行业监督管理职能，应该将主要精力集中于制定相关政策和发展规划，从具体事务性管理转为用政策法规管理，从行政隶属管理转为行业管理，从直接管理转变为间接管理。政府主管部门对养老服务资源进行科学合理配置，实行全行业属地化管理，对所有养老服务机构，不论所有制、投资主体、隶属关系和经营性质，均由所在地民政部门实行统一规划、统一准入、统一监管。

二、尽快实现老年服务全领域管理

由于老年服务行业是一个很宽泛的概念，民政部门要切实履行养老服务行业主管部门的监督管理职能，将所有社会养老类服务机构、社区服务、居家服务都纳入行业监管范围，实行属地管理，民政部门对各类养老服务机构要统筹安排、合理布局、统一管理，避免重复建设。要鼓励养老机构进行行业自律管理，推动养老服务行业健康发展。所谓行业管理是以政府职能部门和相应的行业组织为管理主体，以政策和协调为主要服务内容，以间接管理为手段，涵盖全社会同类产品生产者的管理体制。

这方面已经有所探索，包括1993年上海浦东新区成立的社区服务行业协会，2001年成立的社会福利协会，以及我国老龄产业协会起草议定的《全国民办养老机构和涉老服务组织自律公约》等。但鉴于我国是一个行政本位长期占主导地位的国家，没有行业协会自律自治的传统，并且行业自律管理必须依赖于社会公德、职业道德和信用体系的建立和实行，而我国相关社会基础十分薄弱，再加上公办养老机构和从业人员长期按照行政方式运作，自主化的养老机构和养老服务市场远未形成，实行行业自律管理仍然有很长一段路要走。在现阶段，宜采取行政主管部门的监督管理为主,行业自律管理和机构自我管理相结合的管理体制。

三、建立适度集中、权责一致的养老服务行业管理体制

我国养老服务体系建设整体上处于初始探索阶段,特别是民办养老服务机构处于发展初期,一般规模都不大,养老服务体系建设普遍缺乏政策上的有效支持,这与目前分散的政府管理体制是有关系的。社会养老服务体系建设虽然由民政部门主管,但由于养老服务涉及国土资源、财政规划、住房城建、卫生教育、文化体育、公安消防等诸多部门,民政部门的政策促进力度十分有限。即使作为行业主管部门,民政部门对面向所有老年人,内容涵盖生活照料、康复护理、精神慰藉、紧急救援和社会参与的社会养老服务体系的管理职能仍然是孤立的、分割的、不全面的,民政部门的管理中心集中在机构服务方面,而对广大老年人需要的社区康复、文化、娱乐、家政等福利服务则缺乏统筹规划和监督管理,有些职能还没有明确主管部门。目前,养老机构的建设管理由民政部门承担(少数地方民办养老机构的建设管理由老龄委办公室承担),居家养老服务工作绝大多数由老龄委办公室承担。

至于养老服务体系建设的牵头负责部门,现在还没有明确的规定,各地有民政部门牵头的,也有老龄部门牵头的。一些没有营业执照的养老机构还处于无部门管理的自然状态。从促进养老服务行业健康发展出发,建议将分散在组织人事、机构编制、发展改革、财政、价格等行政部门关于养老服务行业管理的职能适度集中起来,由民政部门统一行使,让养老服务主管部门真正成为养老服务全行业管理者,保证其具有充足的经费支持、独立的人事权力和具有强制力的监督权力,逐步实现各级养老服务机构、家庭养老服务和社区养老服务归民政部门统一管理。要明确民政或老龄部门作为养老服务(护理)职业培训的业务主管单位,赋予民政部门对养老服务培训的职业资格发证权和技术职称评审权(人保部门实施监督管

理），民政部门与教育部门配合推动在高校开设养老服务（护理）专业，培养较高层次的养老服务管理和技术人才。完整的行政主体是职能、权力和责任的有机统一体。在现代政府理论中，越来越强调权责一致的原则，即权力与责任配置相一致，并通过问责促使行政主体依法行使权力。因此，在权力向主管部门集中后，要建立对民政部门的问责机制，这也是我国政府机构改革的基本目标。

四、大力推进社会养老服务机构的分类管理制度

在扩充养老服务资源导向进程中，我国养老服务体系的基本框架初步确立，民办非企业、企业等不同性质进行分类管理的体系初步确立。我国养老服务行业的投入体制发生了根本变化，养老机构逐步由国家、集体单一投资变为国家、集体、企业、社团、个人、外资等多元化投入，经营方式也逐步多元化。但由于对目前的民办养老机构性质、法律地位没有一个清晰的甄别分类，导致将现实中的营利性与非营利性民办养老机构混为一谈。社会养老服务机构分类管理是指对营利性和非营利性两类组织属性不同的社会养老服务机构分开管理，明确各自的法律属性以及与之相一致的内部管理制度和外部监督制度，实行有区别的财税政策和扶持政策。

营利性与非营利性社会养老服务机构分开管理，是关系到养老服务行业健康发展的基础性制度，也是构建科学完善养老体系的要求。分类管理在医疗卫生行业中已有明确的制度规定，民办教育也正在探索进行营利性与非营利性分类管理试点，分类管理对社会养老服务机构而言则是一个新的课题。我们还没有一套明确的、符合国际惯例的非营利性组织判定标准和管理制度，也没有鼓励和规范非营利性养老机构的财税政策、产权制度、资产管理制度、会计审计制度。种种迹象表明，我国养老服务行业正面临一个发展转型的历史时期。我国已提出，到2015年基本形成制度完善、组织健全、规模适度、运营良好、服务优良、监管到位、可持续发展

的社会养老服务体系。在面临这一转型的关键时刻，我们要积极探索营利性与非营利性养老机构分类管理的制度，为两种养老机构的健康发展铺平道路。非营利性养老服务机构主要面向非福利性养老服务机构服务对象且经济条件一般的普通老年群体，提供基本保障型服务。此类人员的养老费用以个人承担为主，经相应的养老需求评估后由政府予以适当补助。营利性养老服务机构主要面向经济条件好的老年人提供改善提高型养老服务，收费实行市场化运作，养老费用由个人或家庭承担。

第四章 我国养老保险保障体系

当前国际上通行的养老保险体系以及我国社会养老保障体制改革的目标模式，是建立基本养老保险、企业补充养老保险、个人储蓄性养老保险三个层次相结合的制度。

我国已经进入老龄化社会，让老年人老有所养、老有所乐是全社会的责任。建立完善的社会养老保险体系不仅仅会增加老年人的幸福感和安全感，对我国社会安定和经济发展也有重大意义。

第一节 概述

一、概念

养老保险是国家依据相关法律法规规定，为解决劳动者在达到国家规定的解除劳动义务的劳动年龄界限或因年老丧失劳动能力而退出劳动岗位后而建立的一种保障其基本生活的社会保险制度。目的是以社会保险为手段来保障老年人的基本生活需求，为其提供稳定可靠的生活来源。

养老保险是在法定范围内的老年人"完全"或"基本"退出社会劳动

生活后才自动发生作用的。所谓"完全",是以劳动者与生产资料的脱离为特征;所谓"基本",指的是参加生产活动已不成为主要社会生活内容。其中法定的年龄界限才是切实可行的衡量标准。

同时被保险人只有满足以下两个条件,即达到国家规定的退休条件,已办理相关手续;按规定缴纳基本养老保险费累计缴费年限满15年的,经劳动保障行政部门核准后的次月起,方可按月领取基本养老金及丧葬补助费等。

基本养老保险费由企业和被保险人按不同缴费比例共同缴纳。

二、特点

(一)养老保险是在法定范围内的老年人完全或基本退出社会劳动生活后才自动发生作用的。需强调说明的是,法定的年龄界限(各国有不同的标准)才是切实可行的衡量标准。

(二)养老保险的目的是为保障老年人的基本生活需求,为其提供稳定可靠的生活来源。

(三)养老保险是以社会保险为手段来达到保障的目的。养老保险是世界各国较普遍实行的一种社会保障制度。

三、主要模式

世界各国实行养老保险制度有三种模式,可概括为传统型、国家统筹型和强制储蓄型。

(一)传统制度

传统型的养老保险制度又称为雇佣相关性模式或自保公助模式,德俾斯麦政府最早于1889年颁布养老保险法,后被美国、日本等国家所采纳。个人领取养老金的权利与缴费义务联系在一起,即个人缴费是领取养老金的前提，养老金水平与个人收入挂钩，基本养老金按退休前雇员历年指数化月平均工资和不同档次的替代率来计算，并定期自动调整。除基本养老金外，国家还通过税收、利息等方面的优惠政策，鼓励企业实行补充养老保险，基本上也实行多层次的养老保险制度。

（二）国家统筹

国家统筹型分为两种类型：

1. 福利国家所在地普遍采取的，又称为福利型养老保险，最早为英国创设，目前适用该类型的国家还包括瑞典、挪威、澳大利亚、加拿大等。

该制度的特点是实行完全的"现收现付"制度，并按"支付确定"的方式来确定养老金水平。养老保险费全部来源于政府税收，个人不需缴费。享受养老金的对象不仅仅为劳动者，还包括社会全体成员。养老金保障水平相对较低，通常只能保障最低生活水平而不是基本生活水平，如澳大利亚养老金待遇水平只相当于平均工资的25%。为了解决基本养老金水平较低的问题，一般大力提倡企业实行职业年金制度，以弥补基本养老金的不足。

该制度的优点在于运作简单易行，通过收入再分配的方式，对老年人提供基本生活保障，以抵销市场经济带来的负面影响。但该制度也有明显的缺陷，其直接后果就是政府的负担过重。由于政府财政收入的相当一部分都用于社会保障支出，而且维持如此庞大的社会保障支出，政府必须采取高税收政策，这样加重了企业和纳税人的负担。同时，社会成员普遍享受养老保险待遇，缺乏对个人的激励机制，只强调公平而忽视效率。

2. 国家统筹型的另一种类型是苏联所在地创设的，其理论基础为列宁的国家保险理论，后为东欧各国、蒙古、朝鲜以及我国改革开放以前所采用。

该类型与福利国家的养老保险制度一样，都是由国家来包揽养老保险活动和筹集资金，实行统一的保险待遇水平，劳动者个人无须缴费，退休后可享受退休金。但与前一种所在地不同的是，适用的对象并非全体社会成员，而是在职劳动者，养老金也只有一个层次，未建立多层次的养老保险，一般也不定期调整养老金水平。

随着苏联和东欧国家的解体以及我国进行经济体制改革，采用这种模式的国家也越来越少。

（三）强制储蓄型

强制储蓄型主要有新加坡模式和智利模式两种。

1. 新加坡模式是一种公积金模式。该模式的主要特点是强调自我保障，建立个人公积金账户，由劳动者于在职期间与其雇主共同缴纳养老保险费，劳动者在退休后完全从个人账户领取养老金，国家不再以任何形式支付养老金。个人账户的基金在劳动者退休后可以一次性连本带息领取，也可以分期分批领取。国家对个人账户的基金通过中央公积金局统一进行管理和运营投资，是一种完全积细小的筹资模式。除新加坡外，东南亚、非洲等一些国家也采取了该模式。

2. 智利模式作为另一种强制储蓄类型，也强调自我保障，也采取了个人账户的模式，但与新加坡模式不同的是，个人账户的管理完全实行私有化，即将个人账户交由自负盈亏的私营养老保险公司，规定了最大化回报率，同时实行养老金最低保险制度。该模式于二十世纪80年代在智利推出后，也被拉美一些国家所效仿。强制储蓄型的养老保险模式最大的特点是强调效率，但忽视公平，难以体现社会保险的保障功能。

四、主要特点

社会养老保险是世界各国较为普遍流行的一种社会保险制度，一般具有以下几个特点：

由国家立法强制实施，企业单位和个人都必须参加，符合养老条件的人，可向社会保险部门领取养老金；社会养老保险基金的来源，一般由国家、单位和个人三方或单位和个人双方共同负担，并实现广泛的社会互济；由于其具有社会性，影响很大，享受的人多且时间较长，费用支出庞大，所以必须设立专门机构，实行现代化、专业化、社会化的统一规划和管理。

五、主要作用

养老保险以老年人的生活保障为指标，通过再分配手段或者储蓄方式建立保险基金，支付老年人生活费用。它的实施具有以下作用：

（一）有利于保证劳动力的再生产

通过建立养老保险的制度，有利于劳动力群体的正常代际更替，老年人年老退休，新成长劳动力顺利就业，保证就业结构的合理化。

（二）有利于社会的和谐、稳定、安全

养老保险为老年人提供了基本生活保障，使老年人老有所养。随着人口老龄化的到来，老年人口的比例越来越大，人数也越来越多，养老保险保障了老年劳动者的基本生活，等于保障了社会相当部分人口的基本生活。对于在职劳动者而言，参加养老保险，意味着对将来年老后的生活有了预期，免除了后顾之忧，从社会心态来说，人们多了些稳定，少了些浮躁，这有利于社会的稳定。

（三）有利于促进经济的发展

各国设计养老保险制度多将公平与效率挂钩，尤其是部分积累和完全积累的养老金筹集模式。劳动者退休后领取养老金的数额，与其在职劳动期间的工资收入、缴费多少有直接联系，这无疑能够激励劳动者在职期间积极劳动，提高效率。

此外，由于养老保险涉及面广，参与人数众多，其运作中能够筹集到大量的养老保险金，能为资本市场提供巨大的资金来源，尤其是实行基金制的养老保险模式，个人账户中的资金积累以数十年计算，使得养老保险基金规模更大，为市场提供更多的资金，通过对规模资金的运营和利用，

有利于国家对国民经济的宏观调控。

在我国，二十世纪90年代之前，企业职工实行的是单一的养老保险制度。1991年，《国务院关于企业职工养老保险制度改革的决定》中明确提出："随着经济的发展，逐步建立起基本养老保险与企业补充养老保险和职工个人储蓄性养老保险相结合的制度"。从此，我国逐步建立起多层次的养老保险体系。

社会统筹与个人帐户相结合的基本养老保险制度是我国在世界上首创的一种新型的基本养老保险制度。这个制度在基本养老保险基金的筹集上，采用传统型的基本养老保险费用的筹集模式，即由国家、单位和个人共同负担；基本养老保险基金实行社会互济；在基本养老金的计发上采用结构式的计发办法，强调个人账户养老金的激励因素和劳动贡献差别。

因此，该制度既吸收了传统型的养老保险制度的优点，又借鉴了个人账户模式的长处；既体现了传统意义上社会保险的社会互济、分散风险、保障性强的特点，又强调了职工的自我保障意识和激励机制。

六、基本体系和种类

当前国际上通行的养老保险体系以及我国社会养老保障体制改革的目标模式，是建立基本养老保险、企业补充养老保险、个人储蓄性养老保险三个层次相结合的制度。企业补充养老保险，作为其中的第二个层次，在众多国家得到了长足的发展。

（一）基本养老保险

基本养老保险（亦称国家基本养老保险），是国家和社会根据一定的法律和法规，为解决劳动者在达到国家解除劳动义务的劳动年龄界限，或因年老丧失劳动能力退出劳动岗位后的基本生活而建立的一种社会保险制度。基本养老保险以保障离退休人员的基本生活为原则，它具有强制性、互济性和社会性。它的强制性体现在由国家立法并强制实行，企业和个人都必须参加而不得违背；互济性体现在养老保险费用来源，一般由国家、企业和个人三方共同负担，统一使用、支付，使企业职工得到生活保障并实现广泛的社会互济；社会性体现在养老保险影响很大，享受人多且时间较长，费用支出庞大。

（二）雇主（在我国一般指企业）补充养老保险

由国家宏观调控、企业内部决策执行的企业补充养老保险，又称企业年金，它是指由企业根据自身经济承受能力，在参加基本养老保险基础上，企业为提高职工的养老保险待遇水平而自愿为本企业职工所建立的一种辅助性的养老保险。企业补充养老保险是一种企业行为，效益好的企业可以多投保，效益差的亏损企业可以不投保。实行企业年金，可以使年老退出劳动岗位的职工在领取基本养老金水平上再提高一步，有利于稳定职工队伍，发展企业生产。

（三）个人储蓄性养老保险

职工个人储蓄性养老保险是我国多层次养老保险体系的一个组成部分，是由职工自愿参加、自愿选择经办机构的一种补充保险形式。实行职工个人储蓄性养老保险的目的，在于扩大养老保险经费来源，多渠道筹集养老保险基金，减轻国家和企业的负担；有利于消除长期形成的保险费用完全由国家"包下来"的观念，增强职工的自我保障意识和参与社会保险的主动性，同时也能够促进对社会保险工作实行广泛的群众监督。

七、体制构架

我国目前社会养老保险体制构架，按照人口类型可分为城镇企业职工养老保险、机关事业单位养老保险和农村养老保险三大部分。此外还有一部分对上述范围覆盖不到的拾遗补缺性质的补贴。我国最初的社会养老保险制度即是城镇养老保险制度。国家机关事业单位人员的养老保险制度是从城镇职工养老保险制度中分离出来的，其后，在制度变革过程中又经历了合并和分离的过程。

（一）城镇企业职工养老保险制度

1. 历史沿革与特点

城镇企业职工养老保险制度先后经历初步建立（1950—1966）、"文革"中的破坏以及"文革"后的恢复（1966—1986）、改革与完善（1986年至今）三个阶段。初步建立阶段的社会养老保险制度具有以下特点：

（1）有明确的法律依据；（2）完全现收现付制的模式；（3）企业缴费，职工个人不缴费；（4）企业间实行全国统筹的保险费率；（5）政策制定、监督和执行分别由不同的部门承担。劳动部负责政策的制定和监督，工会系统负责具体的保险经办，二者相互监督相互制衡。

但该制度也存在明显问题：（1）覆盖范围狭窄，仅限于城镇国有企业和集体企业的正式职工和机关事业单位职工；（2）按岗位划分参保条件，计划经济的特征使人们一旦进入特定岗位就享受到相应的保障。（3）保险体系层次单一，所有责任都由政府承担，而且在现收现付制度模式下，基本没有任何积累资金。"文革"中，我国的社会养老保险制度基本停止。"文革"结束后，养老保险制度逐步恢复。

此阶段的制度特点为：（1）单位成为养老保险金筹集发放的主角，企业完全承担了原来劳动部和工会的职责，制度中的监督与制衡关系不复存在；（2）依然实行现收现付制的模式。

存在的问题主要有：（1）覆盖面狭窄。改革开放后，我国出现了多种经济形式，但基本养老保险制度仍主要集中于国营企业；（2）企业完全负担社会养老保险，且新老企业负担不均；（3）基本养老金计发办法无法适应工资制度改革的要求。经济改革使多种经济成分得到发展，企业工资制度也发生变化，以标准工资为基础的养老金计发难以为继；（4）基本养老金没有调整机制，如没有考虑通货膨胀的因素等；（5）退休条件以及待遇水平与工龄挂钩的做法欠科学。

1995年,在企业职工养老保险制度中首次引入个人缴费和缴费确定型制度,打破了以往现收现付制模式下缴费责任主要由企业承担的局面,强调个人在养老保险中的责任和义务。然而,现实中还存在着一系列尚未解决的问题:(1)统筹范围实际上仍以县市为主,与"实现养老保险省级统筹"的目标相距甚远;(2)各地养老金收缴、支付标准不一,阻碍了劳动力跨地区的流动;(3)企业仍然担负着养老金发放和管理退休职工的责任;(4)1995年的改革导致前后两个实施方案并存,在制度设计和管理上带来新的混乱。社会统筹与个人账户相结合造成资金运作上的账目、管理混合运行现象,给统筹资金挪用个人账户提供了方便;(5)覆盖面依然很小,统筹层次依然很低。

随着改革的不断深入,城镇企业职工基本养老保险的覆盖面进一步扩大,制度本身也得到了完善和发展。但改革过程中依然存在很多问题:(1)最突出的便是巨大的隐性债务。现收现付制向基金积累制过渡的过程中,由于一部分人的过渡养老金全部或部分没有个人积累,所有都要从社会统筹中支付,但规定要求"企业缴费一般不超过企业工资总额的20%",但又要求"保证按时足额发放养老金",于是很多地区的缴费比例大大超过了有关规定;(2)过高的费率负担使很多已参保的企业采取各种手段逃避拖延缴费;(3)覆盖面虽扩大,但一些非正规就业的社会弱势群体如农民工仍得不到保障;(4)由于经济发展的地区不均衡,仅以省为基础的养老保险制度难以解决各地区之间的劳动力流动问题。

2. 数额计算

基本养老保险费由企业和职工个人共同负担:企业按本企业职工上年度月平均工资总额的20%缴纳(部分省市略有调整),职工个人按本人上年度月平均工资收入的8%缴纳;城镇个体工商户、灵活就业人员和国有企业下岗职工以个人身份参加基本养老保险的,以所在省上年度社会平均工资为缴费基数,按20%的比例缴纳基本养老保险费,全部由自己负担。

（1）基数

职工缴费工资高于所在省上年度社会平均工资300%的，以所在上年度社会平均工资的300%为缴费基数；职工缴费工资低于所在省上年度社会平均工资60%的，以所在省上年度社会平均工资的60%为缴费基数。

个人身份参加养老保险的以当地上年度在岗职工社会平均工资的一定比例作为个人缴费基数，可选择的档级为60%、80%、100%，基于如今社平工资逐年提高，考虑到个人承受能力，部分省市增加了40%的档级。

（2）申请条件

职工按月领取基本养老金必须具备三个条件：

达到法定退休年龄，并已办理退休手续；所在单位和个人依法参加养老保险并履行了养老保险缴费义务；个人缴费至少满15年（过渡期内缴费年限视同缴费年限）。

如今，我国的企业职工法定退休年龄为：男职工60岁，从事管理和科研工作的女职工55岁，从事生产和工勤辅助工作的女职工50岁，自由职业者、个体工商户女年满55周岁；

基础养老金 = 全省上年度在岗职工月平均工资（1+本人平均缴费指数）÷2×缴费年限×1%；

个人账户养老金 = 个人账户储存额÷个人账户养老金计发月数。

以上两项和为每月领取额。

（二）2014年10月1日前机关事业单位养老保险制度

1. 历史沿革与特点

国家机关事业单位人员的养老保险与城镇职工养老保险在制度变革过程中先后经历了分离→合并→分离的过程。1955年12月国务院颁发的《国家机关工作人员退休处理暂行办法》和《国家机关工作人员退职处理暂行办法》，使得国家机关事业单位人员的养老保险从职工养老保险制度中分离出来；1958年3月，国务院将国家机关事业单位和企业职工养老保险待遇合并；1978年6月，国务院发布文件分别规定了干部和工人的离、退休制度，从而将自1958年起干部和工人实行的统一退休退职办法重新分成两个不同的制度；1980年10月国务院颁布的《关于老干部离职休养的暂行规定》和1982年4月颁布的《关于老干部离职休养的几项规定》共同构建了老干部离休制度；1993年8月，国务院颁布的《国家公务员暂行条例》对国家机关事业单位人员的退休养老制度做了较大修改和调整，公务员不需要为养老缴纳任何费用。这个《条例》一直执行到2014年10月1日。

机关、事业单位社会养老保险制度的基本特点是：（1）养老保险金固定，一般以退休前最后一个月的工资为基数按一定比例计发；（2）保障水平高，无论是名义替代率还是实际替代率都高于企业；（3）个人不承担缴费义务完全由财政负担。

该制度存在的主要问题为：由于没有统一的政策和法规相配套，各地区根据自身的财政收入状况自行其是，致使机关事业单位的养老保险待遇与企业职工的养老保险制度不相衔接，而且事业单位彼此之间差距明显。

2. 养老金"并轨"改革

2015年1月14日，国务院发布《国务院关于机关事业单位工作人员养老保险制度改革的决定》（简称《决定》），按照党的十八大和十八届三中、四中全会精神，根据《中华人民共和国社会保险法》等相关规定，为统筹城乡社会保障体系建设，建立更加公平、可持续的养老保险制度，国务院决定改革机关事业单位工作人员养老保险制度。

这次"并轨"改革范围为按照公务员法管理的单位、参照公务员法管理的机关（单位）、事业单位及其编制内的工作人员。实行社会统筹与个人账户相结合的基本养老保险制度。基本养老保险费由单位和个人共同负担。单位缴纳基本养老保险费（以下简称单位缴费）的比例为本单位工资总额的20%，个人缴纳基本养老保险费（以下简称个人缴费）的比例为本人缴费工资的8%，由单位代扣。按本人缴费工资8%的数额建立基本养老保险个人账户，全部由个人缴费形成。个人工资超过当地上年度在岗职工平均工资300%以上的部分，不计入个人缴费工资基数；低于当地上年度在岗职工平均工资60%的，按当地在岗职工平均工资的60%计算个人缴费工资基数。

根据《决定》，个人账户储存额只用于工作人员养老，不得提前支取，每年按照国家统一公布的记账利率计算利息，免征利息税。参保人员死亡的，个人账户余额可以依法继承。

《决定》要求，建立基本养老金正常调整机制。根据职工工资增长和物价变动等情况，统筹安排机关事业单位和企业退休人员的基本养老金调整，逐步建立兼顾各类人员的养老保险待遇正常调整机制，分享经济社会发展成果，保障退休人员基本生活。

《决定》要求，加强基金管理和监督。建立健全基本养老保险基金省级统筹；暂不具备条件的，可先实行省级基金调剂制度，明确各级人民政府征收、管理和支付的责任。机关事业单位基本养老保险基金单独建账，与企业职工基本养老保险基金分别管理使用。基金实行严格的预算管理，纳入社会保障基金财政专户，实行收支两条线管理，专款专用。依法加强基金监管，确保基金安全。

《决定》要求，做好养老保险关系转移接续工作。参保人员在同一统筹范围内的机关事业单位之间流动，只转移养老保险关系，不转移基金。参保人员跨统筹范围流动或在机关事业单位与企业之间流动，在转移养老保险关系的同时，基本养老保险个人账户储存额随同转移，并以本人改革后各年度实际缴费工资为基数，按12%的总和转移基金，参保缴费不足1年的，按实际缴费月数计算转移基金。转移后基本养老保险缴费年限（含视同缴费年限）、个人账户储存额累计计算。

《决定》要求，建立职业年金制度。机关事业单位在参加基本养老保险的基础上，应当为其工作人员建立职业年金。单位按本单位工资总额的8%缴费，个人按本人缴费工资的4%缴费。工作人员退休后，按月领取职业年金待遇。职业年金的具体办法由人力资源社会保障部、财政部制定。

《决定》要求，建立健全确保养老金发放的筹资机制。机关事业单位及其工作人员应按规定及时足额缴纳养老保险费。各级社会保险征缴机构应切实加强基金征缴，做到应收尽收。各级政府应积极调整和优化财政支出结构，加大社会保障资金投入，确保基本养老金按时足额发放，同时为建立职业年金制度提供相应的经费保障，确保机关事业单位养老保险制度改革平稳推进。

《决定》要求，逐步实行社会化管理服务。提高机关事业单位社会保险社会化管理服务水平，普遍发放全国统一的社会保障卡，实行基本养老金社会化发放。加强街道、社区人力资源社会保障工作平台建设，加快老年服务设施和服务网络建设，为退休人员提供方便快捷的服务。

《决定》要求，提高社会保险经办管理水平。各地要根据机关事业单位工作人员养老保险制度改革的实际需要，加强社会保险经办机构能力建设，适当充实工作人员，提供必要的经费和服务设施。人力资源社会保障部负责在京中央国家机关及所属事业单位基本养老保险的管理工作，同时集中受托管理其职业年金基金。中央国家机关所属京外单位的基本养老保险实行属地化管理。社会保险经办机构应做好机关事业单位养老保险参保登记、缴费申报、关系转移、待遇核定和支付等工作。要按照国家统一制定的业务经办流程和信息管理系统建设要求，建立健全管理制度，由省级统一集中管理数据资源，实现规范化、信息化和专业化管理，不断提高工作效率和服务质量。

此外，《决定》要求，加强组织领导。改革机关事业单位工作人员养老保险制度，直接关系广大机关事业单位工作人员的切身利益，是一项涉及面广、政策性强的工作。各地区、各部门要充分认识改革工作的重大意义，切实加强领导，精心组织实施，向机关事业单位工作人员和社会各界准确解读改革的目标和政策，正确引导舆论，确保此项改革顺利进行。各地区、各部门要按照本决定制定具体的实施意见和办法，报人力资源社会保障部、财政部备案后实施。人力资源社会保障部要会同有关部门制定贯彻本决定的实施意见，加强对改革工作的协调和指导，及时研究解决改革中遇到的问题，确保本决定的贯彻实施。

该《决定》自2014年10月1日起实施。

这次改革有利于建立覆盖城乡居民的、公平可持续的社会保障体系，实现全民参保的发展目标。随着我国社保覆盖面的扩大，各类社会群体逐步纳入社保体系。虽然过去曾经在多数地区开展机关事业单位人员养老保险制度改革试点，但改革并不到位。这次改革能够从制度层面上根本解决"双轨制"问题。

此次养老保险制度改革涉及机关和事业单位人员，意味着养老保险制度体系的公平性有了质的提升，也有利于加快促进机关事业单位的分类改革。按照"多缴多得、长缴多得"的原则，建立待遇与缴费挂钩机制，可以把按劳分配与缴费的权利义务对等起来，有助于提高单位和职工参保缴费的积极性。

从筹资方面看，这次改革的最大亮点，是由单位保障走向了互助共济的社会保障，由单位和个人缴费并与待遇相关的社会保险筹资机制，将使社保基金保障更加稳定，有利于保证员工待遇的可持续性。所谓社会保险筹资机制，即在职工作人员缴费，达到退休年龄人员领取待遇，这样做的好处，可以减轻养老金的发放压力，为员工待遇发放的不确定性分担风险。

机关事业单位养老保险基金单独建账，与企业职工基本养老保险基金分别管理使用，并纳入财政专户管理，有利于明确各级财政责任，并且可以避免对企业职工基本养老保险基金造成不利影响。

基金管理的主要亮点是省级统筹，即机关事业单位以省级为单位汇集到省级账户，建立统一的基金池，这有助于增强基金的规模。

应该说，基金的统收统支是一个正确的方向。未来看，职工基本养老保险的统筹层次还将进一步提高。

《决定》提出，建立职业年金制度。机关事业单位在参加基本养老保险的基础上，应当为其工作人员建立职业年金。建立职业年金，可以实现养老保险的多层次保障，加强基金保障能力。建立职业年金主要意义在于：一是实现多层次保障。基本保障由政府来主导，保障基本水平，补充保险由市场来主导，形成员工的补充待遇，这有利于实现公平和效率的并重，有利于实现政府和市场的分责；二是有利于为工作人员的待遇提供更充分持续保障。

这次改革中同步建立职业年金非常重要，因为基本养老保险制度主要是保基本，其替代率水平与改革前实行的退休费的替代率水平相比存在着一定的差距，通过建立职业年金可以提高退休之后从基本养老保险基金和职业年金所获得的养老待遇水平，起到补充养老保障的作用。此次改革明确要求机关事业单位应当同步建立职业年金，将使职业年金在机关事业单位广泛而又迅速地建立起来。

养老金"双轨制"并轨后，企业与机关事业单位的基本养老金是一致的，主要差距体现在补充养老金，即企业年金和职业年金方面。

（三）农村养老保险制度

农村养老保险制度先后经历了初步探索与试点推广（1982—1994）、逐步发展（1994—1997）、衰退停滞（1998—2008）以及崭新发展（2008—2014年2月）四个阶段。

自新中国成立至改革开放前，我国并没有严格意义上的农村养老保险制度。1982年，全国11个省市3547个生产队实行养老金制度，养老金由大队、生产队根据经济状况按比例分担，从队办企业利润和公益金中支付；1987年3月，民政部下发《关于探索建立农村基层社会保障制度的报告》；1991年，国务院授权民政部在有条件的地区，开展建立农村社会养老保险制度的试点工作。此阶段农村养老保险的主要特点是：第一，在养老保险金的筹集渠道上，集体经济承担了主要义务，资金的多少受集体经济效益的影响，来源不稳定，个人不承担缴费义务；第二，在养老金的计发上，没有科学严格的计算；第三，养老金的管理上，以村镇企业或乡镇为单位，缺乏监督和约束机制，资金安全性差，流失严重。

1994—1997年，劳动和社会保障部先后提出整顿方案：继续在有条件的地区进行农村社会养老保险的探索。在此基础上，针对进城农民工、城镇农转非人员和农村劳动者，研究设计标准不同、可互相转变的养老保险办法。2008年10月，党的十七届三中全会指出要建立新型农村社会养老保险制度；2009年9月国务院发布《关于开展新型农村社会养老保险试点的指导意见》，规定2020年基本建立覆盖城乡居民社会保障体系的目标；在筹资模式上，采用统账结合的制度模式；在基金管理上，新农保基金要纳入社会保障基金财政专户，实行收支两条线管理，单独记账、核算。新农保制度模式的主要特点为：基金筹集以个人缴费为主、集体补助为辅、国家政策扶持，突出自我保障为主的原则；实行储备积累，建立个人账户，个人领取养老金的多少取决于个人缴费的多少和积累时间的长短；农村务农、经商等各类从业人员实行统一的社会养老保险制度，便于农村劳动力的流动；采取政府组织引导和农民自愿相结合的工作方法。该制度存在的主要问题是：参保比例较小，保险水平偏低；政府没有补贴农村养老保险费；养老基金难以实现保值增值等等。

八、建立全国统一的城乡居民基本养老保险制度与全国社保并轨改革

（一）城乡居民基本养老保险制度的统一

2014年2月7日，国务院总理李克强主持召开国务院常务会议，会议决定合并新型农村社会养老保险（以下简称新农保）和城镇居民社会养老保险（以下简称城居保），建立全国统一的城乡居民基本养老保险制度。

中央对中西部地区给予全额补助。

会议决定，在已基本实现新农保、城居保全覆盖的基础上，依法将这

两项制度合并实施，在全国范围内建立统一的城乡居民基本养老保险制度，并在制度模式、筹资方式、待遇支付等方面与合并前的新农保和城居保保持基本一致。基金筹集采取个人缴、集体助、政府补的方式，中央财政按基础养老金标准，对中西部地区给予全额补助，对东部地区给予50%的补助。

地方政府为重度残疾人等缴费困难群体代缴部分或全部最低标准的养老保险费，鼓励公益慈善等社会组织为参保人缴费提供资助。

国务院要求推行全国统一社保卡。

会议要求，要整合资源，推动城乡居民基本养老保险制度与其他社会保障制度相衔接。优化财政支出结构，加大财政投入。大力推行全国统一的社会保障卡，改进管理服务，做到方便利民。要严格基金监管，严肃查处虚报冒领、挤占挪用等违法违规行为。

新农保建立于2009年，替代了之前的老农保，针对农民设立，目前参保人数达到4亿多人，而"城居保"则建立于2011年，针对城市18岁到60岁处于工作年龄但没有工作的居民，这个群体人数不多，全国仅几千万人，参保人数就更少了，没有具体数据。

这两种养老保险制度设计上非常相像，比如，都设立了个人账户，个人向账户里缴费。缴费公式也类似，其中新农保每人每年缴费从100元到500元不等，共有5档选择，城居保每人每年从100元到1 000元有10档选择。两种制度养老金发放公式也类似，都是到60岁就每人每月固定开始领取养老金，跟以前的缴费记录没有任何关系。

由于新农保和城居保两种制度极为类似，又是先后设立，重要的是，城居保制度的参保人数很少，有些省份在2011年城居保起步之初直接就将两种保险制度合二为一。

此外，参保城居保的人数，数量有限，分配到各个市区，也就几万人。如果单纯针对他们再另设一套班子，一个机构来管理，不利于节约成本，不利于工作，也会给社保一线工作人员带来麻烦。在2011年城居保设立时，一些省份就将其与新农保合二为一，作为一个制度来运行。

新农保和城居保的支出主要来自中央财政的转移支付，其次才是地方财政拿一部分，而集体组织配套的资金是微乎其微。这样一个融资条件和来源结构，对于基层财政来说造成不了什么压力。

新农保和城居保合并，打破了城乡养老"双轨制"，是实现城乡统一的有效制度。但是真正打破城乡养老樊篱的是城镇职工基本养老保险制度和新农保的有效融合，但是这两个制度在设计上有很大不同，目前尚没有比较好的思路。建立于上世纪90年代的城镇职工基本养老保险制度是为了配合国企改革设立的，这个制度设置有很多条件，比如，必须要有完整的缴费记录，必须缴费达到15年以上等等。而新农保则没有这些条件，甚至没有缴费也能领取养老金。

我们不能苛求当时设立这项制度，城镇职工基本养老保险制度目前还是适合正规的企业，如果当时也考虑城乡统一的养老保险，则会降低城镇职工改革的积极性。

在目前城乡二元现状下，要想将城乡养老完全融合，还存在一定困难，并且目前尚没有有效途径。

（二）全国社保并轨改革情况

2014年2月21日，国务院出台《关于建立统一的城乡居民基本养老保险制度的意见》，决定将新型农村社会养老保险（新农保）和城镇居民养老保险（城居保）两项制度合并实施，在全国范围内建立统一的城乡居民基本养老保险制度。

截至2014年5月，已经有山东、云南、上海、四川、天津等15个省、市和自治区完成了城乡居民基本养老合并。合并后各地缴费档次均有所调整，另有部分地区提高了基础养老金水平。

此后，各省纷纷出台了相关实施细则或意见。以山东省为例，两保合并后，缴费档次已经在全省统一为100元至5 000元12个缴费档次。与此前新农保100元至500元5个档次和城镇居民养老保险100元至1 000元10个档次相比，参保人的缴费选择更加多元化。不仅如此，自2013年5月1日起，山东居民基本养老保险基础养老金标准由每人每月不低于65元提高到75元，提高后比国家规定水平高出20元。

由于新农保和城居保两种制度极为类似，又是先后设立，而且城居保制度的参保人数很少，为节省管理成本，有些省份在2011年城居保起步之初直接就将两种保险制度合二为一。

而在此前，由于职业和身份不同，目前国内不同人群之间的养老保险制度存在参保方式不一、相互衔接转换不便等问题。城镇居民社会养老保险制度与新农保两项制度合并实施后，参保农村居民和城镇居民的养老保险待遇将实现同步发放、同步增长，这意味着缩小城乡差距、最终破除城乡二元结构迈出了重要一步。

此举为下一步整个社会养老保障体制的整合与重构打下了基础。首先，从制度层面来看，这两种保险的制度框架基本一样；其次，从法律层面来说，2010年通过的《社会保险法》就规定，"省、自治区、直辖市人民政府根据实际情况，可以将城镇居民社会养老保险和新型农村社会养老保险合并实施"。

而在国家层面，两项制度合并也已经不存在障碍。人力资源和社会保障部发布的统计公报就已经将两者的数据合二为一，合并之后的称谓为"城乡居民社会养老保险"。根据2013年人力资源社会保障快报数据，城乡居民社会养老保险期末参保人数已经达到49 750万人。

九、其他相关保险情况

（一）异地养老保险

2009年12月28日国务院办公厅发出通知，转发人力资源和社会保障部、财政部《城镇企业职工基本养老保险关系转移接续暂行办法》，该《办法》从2010年1月1日起施行，旨在切实保障参加城镇企业职工基本养老保险人员的合法权益，促进人力资源合理配置和有序流动，保证参保人员跨省流动，并在城镇就业时基本养老保险关系的顺畅转移接续。

《办法》适用于参加城镇企业职工基本养老保险的所有人员，包括农民工。已经按国家规定领取基本养老保险待遇的人员，不再转移基本养老保险关系。

1. 异地转移12%单位缴费，办转移不用到处跑

我国基本养老保险制度实行社会统筹与个人账户相结合的模式，用人单位和个人共同缴费。过去，参保人员跨地区转移接续养老保险关系，只转个人账户储存额，不转单位缴费。从实践情况看，转入地要承担将来发放转入人员基本养老金的责任，完全不转单位缴费，长期支付的资金压力较大。

综合考虑转入地与转出地、当期与长远的资金平衡关系，办法规定，参保人员跨省就业，除转移个人账户储存额外，还转移12%的单位缴费。目前，大部分地区的单位费率为工资基数的20%，少部分地区低于20%。这样规定，单位缴费的大部分随跨省流动就业转给了转入地，减轻了转入地未来长期的资金支付压力；单位缴费的少部分留给转出地，用于确保当期的基本养老金支付。

如果让流动就业的参保人员自己往返不同地区办理基本养老保险关系转移接续手续，费时费力。办法规定流动就业人员离开原参保地，社保经办机构要开具统一样式的参保缴费凭证；到新就业地参保缴费后，只要提出转移接续申请，所有手续都由相关两地社保经办机构办理。同时，人力资源和社会保障部还公布了全国县级以上所有社保经办机构联系方式信息，供相关人员查询自己的参保缴费和转移接续信息。

2. 明确领取待遇地，农民工无须再"退保"

《办法》按照"唯一性"原则，依次确定了相关地区的责任，即参保人员户籍所在地与最后参保地一致时，在户籍所在地办理待遇领取手续，享受基本养老保险待遇；当户籍所在地与最后参保地不一致时，如果在最

后参保地参保满10年，则在最后参保地领取待遇；如在最后参保地参保不满10年，依次向前推至满10年的参保地办理待遇领取手续；各地参保都不满10年，则在户籍所在地办理待遇领取手续。这样有助于消除过去由于地区之间职责不清，个别转出地和转入地常有相互推诿的现象。总之，让每一个缴费满15年以上的参保人员都能在一个地方领到基本养老金。一个江西的农民工，先后在福建、广东、浙江的城镇就业，参保缴费各5年。当他达到国家法定待遇领取年龄时，由于累计缴费年限满了15年，因此可以按月领取基本养老金。由于他在3地参保都不满10年，就由他的户籍所在地江西省负责发放基本养老金，而3地社保机构应按规定把相应的资金转到江西省。但如果他在达到领取待遇条件之前，已把户籍转到了最后参保地浙江，那么就由浙江省负责发放基本养老金，其他两省应按规定把相应的资金转到浙江省。

3. 多地参保，养老金计算全国统一

我国城镇企业职工的基本养老金，包括基础养老金和个人账户养老金。其中，个人账户养老金按本人个人账户累计储存额除以一定系数计算，这对流动就业和稳定就业的劳动者都是一样的，只要多缴费，个人账户储存额多，这部分养老金水平就高。对基础养老金的计算，即以本人各年度缴费工资与本地各年度在岗职工平均工资对应计算其缴费工资指数，由此计算出本人指数化缴费工资，再与本地上年度在岗职工平均工资计算出平均值，作为计发其基础养老金的基数。缴费满15年发给基数的15%，多缴费1年多发1%。《办法》坚持了这一计发办法，只是进一步明确了流动就业人员在各参保地的各年度缴费工资要按最后待遇领取地对应的各年度在岗职工平均工资计算其缴费工资指数。这既保证了全国政策的统一，又是一种相对简便的方法。

对回乡后不再返城就业的农民工，《办法》规定的总原则是，其在城镇参保缴费的记录和个人账户全部有效；如果累计缴费年限满15年或以上，在达到国家法定退休年龄后，可以同城镇职工一样计发基本养老金；

如果没有满足规定条件，也可以把城镇参保的相关权益记录和资金转到新型农村社会养老保险制度。总之是不让他们已有的权益受损。但鉴于新农保制度刚刚开始试点，有关农民工养老保险在城乡间的具体衔接政策，国家将另行研究制订。

（二）商业养老保险

1. 年金保险

要认识商业养老保险，这是一个绝对无法跳过的词语。目前，保险市场上绝大多数商业养老产品，都是限期缴费的年金保险，即投保人按期缴付保险费，到特定年限时开始领取养老金。如果年金受领者在领取年龄前死亡，保险公司或者退还所缴保险费和现金价值中较高者，或者按照规定的保额给付保险金。

年金保险和生存保险都是以被保险人在保险有效期内生存为给付条件，年金保险是生存保险的一个变种，但是两者之间仍然有所区别。前者在保险期限内生存时由保险公司按照约定的期限和方式给付保险金，后者在被保险人生存至保险期满时由保险公司一次性给付保险金。

2. 领取方式

商业养老保险通常有定额、定时或一次性趸领三种方式。趸领是在约定领取时间，把所有的养老金一次性全部提走的方式。定额领取的方式和社保养老金相同，即在单位时间确定领取额度，直至将保险金全部领取完毕。社保养老金是以月为单位时间，而商业养老保险多以年为单位，如平安人寿的长青终身养老年金保险等，都采取按年给付的方式。定时，自然就是约定一个领取时间，根据养老保险金的总量确定领取的额度，例如确定要15年领取完毕养老金，那么保险公司将根据养老金总额，确定每年可以领取的具体额度。有些养老年金保险合同中有约定的时间，有些可以自由选择领取的方式，中间亦可以更改。

3. 领取时间

我国法定的退休年龄为女性55周岁，男性60周岁，社保养老金即是按照这两个年龄段进行领取。相比之下，商业养老保险的领取时间则灵活得多，提供了领取时间的多种选择，并且在没有开始领取之前可以更改。年金领取的起始时间通常集中在被保险人50、55、60、65周岁这四个年龄段，也有更早或更晚的。

4. 保险期间

所谓保险期间，简单来说就是从保险合同生效到终止的时间跨度。在被保险人正常生存的情况下，保险期间将直接关系到养老金领取的时间长度。目前，定期和终身的养老保险产品都非常之多。

5. 保证领取

养老金是以被保险人生存为给付条件的一种保险，为避免被保险人寿命过短损失养老金的情况，不少养老险都承诺10年或者20年的保证领取期。也就是说，若被保险人没有领满10或20年的保证领取期，其受益人可以继续将保证年期内的余额领取完毕。

上述这些，对于如何选择养老产品而言，还是远远不够的。衡量选择商业养老保险，并非某个或某几个因素的简单比较，比如商业养老保险产品，不能简单地说保证领取20年就比10年的好，终身的就一定比定期的划算等等。其收益率，近者受费率、领取额度的影响，远者还要受公司资金运用水平、社会投资状况影响，选择起来确需费点心思。

第二节 存在的问题

一、养老保险三个支柱发展不平衡

我国的养老保险体系采取三支柱结构，目前只有政府主办的基本养老保险覆盖到大部分就业人群，企业年金和个人储蓄计划的发展比较滞后，难以发挥养老保险支柱的作用。从覆盖人群看，2011年年底，城镇企业职工基本养老保险覆盖率超过90%，企业年金参保职工只占参加基本养老保险人数的4%左右，个人储蓄计划的覆盖面更低。从替代率看，基本养老保险提供的平均替代率为45%左右，企业年金在较低的缴费率下替代率很低。目前，第一支柱在垄断社会资源、不断加大企业和职工负担的同时，让国家承担了绝大部分养老责任，第二支柱和第三支柱的发展受到各方面因素的制约。多元、高效、互动的养老保险市场机制尚未完全形成。

二、行政管理体制与养老金制度不相匹配

首先，目前我国大部分地区的社会养老保险统筹层次较低，主要原因是我国对养老保险的行政管理模式是属地化管理，即市（县）养老保险经办机构由地方政府管理，所以市（县）养老保险经办机构必然成为地方政府利益的首选目标。省级政府的统筹目标是综合平衡全省各市（县）、各行业部门之间的利益，所以便出现了省级养老保险机构与市（县）级养老保险机构利益的冲突，使得省级统筹难，全国统筹难，全国高度统筹更是难上加难。2011年7月1日，国务院启动了城镇居民养老保险试点，目标是覆盖全国60%的地区，至2012年的时候覆盖全国。很明显，在"量"上我国社会养老保险将是完美的蜕变，但经过上面的分析我们不难发现，这种分级行政管理体制使得省级统筹、全国统筹难以实现"质"的飞跃。

其次，由于征收、支出、管理全部由社保部门负责，造成了行政工作人员的浪费。我国社会养老保险的政策制定、费用收缴、投资运作、监管查处都是由社保部门负责。社保局通过单独组织一批专业人士对企业进行财务核算、监控企业员工工资，通过专业征管软件对各个企业进行调查、稽核、收缴。这一过程造成了社保基金的额外支出，甚至有些地方的社保基金40%以上被当作行政费用浪费掉了。与我国相比较，在智利、新加坡、美国等国家对养老金的征收都是由税务部门操作，独立的政府或者私

营的基金管理公司负责投资，最后统一由社保部门负责养老保险金的支出及政策标准的制定。

三、以往双轨制的存在造成了不公平的现象，彻底消除尚需相关落实配套法律法规

我国机关事业单位与城镇企业职工的养老保险金制度在设计与运行上大相径庭，出现了目前的双轨制现象。二十世纪90年代，城镇企业职工养老保险初步建立了社会统筹和个人账户相结合的部分积累制，即当代人养老费用由两部分组成。一部分是社会统筹即代际转移支付，另一部分由当代人工资的一定百分比部分储蓄支付。而机关事业单位的养老保险制度仍保持着现收现付制模式，即用年轻在职一代人的收入来支付当代退休人员的养老费用（代际转移）。由于制度的不统一，双轨制也造成了城镇企事业与机关事业单位两部分人员在参保义务及待遇水平上不平衡，引发了社会矛盾。更有专家表示，社会保险的双轨制是社会不安定的主要因素。

在本文形成过程中，国务院发布了《关于机关事业单位工作人员养老保险制度改革的决定》，并在全国范围内全面实施，正式打响了社保改革的一场攻坚战。

这次改革的主要目标是建立机关事业单位与企业统一的基本养老保险制度，在制度模式、缴费基数、费率标准、待遇计发及调整机制等方面实现两者的基本相同。

因此，改革后的机关事业单位养老保险制度与企业职工基本养老保险制度在本质上和要素上都是一致的，从而终于实现双轨制的并轨，这是从制度上根本解决双轨制问题的一个历史性突破。

双轨制指的是机关事业单位与企业之间在退休人员养老保障方面实行两种不同的制度，其所导致的不公平成为一个日益严重的社会问题，

而且成为对党的执政基础产生不良影响的政治问题，成为社会广泛关注的焦点。

党中央、国务院对这一问题高度重视。一方面，国务院采取措施提高企业退休人员养老金标准，从2005年至2014年已经连续10年按10%的增长幅度提高养老金水平，2015年还将继续提高，从而使企业退休人员养老金水平普遍得到提高。

另一方面，为推动机关事业单位养老保险制度改革，国务院于2008年颁布了《事业单位工作人员养老保险制度改革试点方案》，确定在山西、上海、浙江、广东、重庆等五省市率先启动有关试点工作，积累了一些经验和教训。

近年来，根据中央关于社会保障制度改革的部署和要求，国家有关部门在总结过去各地方改革试点的经验和教训的基础上，深入研究推进机关事业单位养老保险制度改革的新思路和新方案。

这次由国务院下发的上述改革文件是经过党中央和国务院认真研究和审议通过之后做出的一项重大改革决策，这不仅仅是一项有关养老保险的社会政策，更是一项政治决策。这次改革方案的出台，是我国社会保障制度改革方面的一次历史性突破，在我国改革发展历程中具有里程碑式的重要意义。

这次改革的核心是将机关事业单位和企业纳入统一的城镇职工基本养老保险体系，并且从五个方面同步进行改革：一是机关与事业单位养老保险制度同步改革，二是同步建立职业年金，三是与工资制度改革同步实施，四是对养老金计发办法与调整机制同步进行改革，五是在全国范围同步实施。改革的要求之高、难度之大、涉及之广、力度之深、决心之强，都是前所未有的。

为推动这项改革的顺利实施，将实行"老人老办法、新人新办法、中人逐步过渡办法"。在改革方案中比较妥善地处理了改革前参加工作、改革后退休的人员（即所谓"中人"）的养老金待遇问题。

在改革之后，将改革启动时在职人员在改革前没有实行个人缴费的工作年限确定为"视同缴费年限"，在退休时将视同缴费年限和实际缴费年限合并计算，作为计发养老金的依据。同时，在改革后将设置一定期限的过渡期。在过渡期内退休的人员，根据过去视同缴费年限的长短，并进行新老办法的对比，通过计发过渡性养老金，能够基本保证其养老金待遇不降低，从而有效地解决了这次改革中的一个关键问题。

同时，在这次改革中，通过采取配套改革措施，将有力地促进这次改革的顺利实施。首先，通过同步进行机关事业单位工资制度改革，在合理调整和完善工资结构的基础上，适当提高机关事业单位职工工资水平，为改革后实行个人缴费打好基础。

其次，明确要求机关事业单位应当同步建立职业年金，这将使作为补充养老保险的职业年金在机关事业单位广泛而又迅速地建立起来，有利于建立多层次的养老保障体系，可以在很大程度上弥补改革之后在基本养老保险方面替代率水平不足的差距，有利于维护机关事业单位职工的养老保障权益。

此外，为避免这次改革只在局部地区先行进行试点之后，改革试点地区与非试点地区之间、先试地区和后改地区之间出现不平衡或攀比等方面的矛盾，并造成相关配套改革不便在局部地区同步实施的问题，决定在全国范围内同步实施改革。与在局部地区先行试点相比而言，这项改革在全国同步实施利大于弊。

通过这项改革，不仅能够从制度上解决双轨制所导致的社会问题，而且能够体现中央全面推进改革的坚强决心，充分体现了党和政府与人民群众的根本利益是一致的，有利于巩固党的执政基础，促进社会和谐稳定。

同时，这项改革有利于统筹推进覆盖各类社会群体的养老保障体系建设，促进实现建立覆盖全民的社会保障体系的发展目标。这项改革也适应机关实行公务员聘用制试点和实施公务员辞职辞退制度以及事业单位分类制度等方面的需要，有利于促进机关事业单位改革的不断深化。

四、养老保险基金违规挪用现象严重

企业缴纳的20%的养老金纳入社会统筹账户中，而养老基金的征收、支出、管理监督均由劳动和社会保障部门负责，这不免会出现"左手监管右手"的现象。统筹账户中的社会养老基金在被使用时，各省各市没有任何的披露，养老保险个人账户也不会汇报基金的投资用途、投资回报率，造成基金违规挪用现象愈演愈烈，进而将影响扩散到全国。这种缺乏制约与监管的管理体制使得养老保险基金最终可能成为沉没成本，得不到任何投资回报。我国人口基数很大，在老龄化社会来临的情况下，这种违规挪用保险基金的行为会给国家财政带来沉重的打击。

五、养老金的收益性较低

从某省做实个人账户的实践结果来看，我国养老金投资于银行协议借款和国债的投资回报率低于2.5%，远远低于我国社会平均工资增长率。随着生活水平的提高、通货膨胀等因素的影响，养老基金的低收益难以支撑我国老龄人口的正常生活。以美国为例，美国养老基金与资本市场对接，养老金成为美国资本市场上三大主要机构投资者之一。美国逐渐科学地协调养老金的安全性与收益性，运用投资组合，分散风险，在风险一定（尽量低风险）的情况下，实现养老基金投资高收益。二十世纪80年代以来，美国的养老金投资收益均在10%以上（扣除通胀因素后）。在我国对养老基金体制改革的过程中，应借鉴美国的养老保险体制，以部分积累制为根本，实现与资本市场相结合的模式。

2010年10月28日，第十一届全国人大第十七次会议通过了《中华人民共和国社会保险法》，该法于2011年7月1日开始实施，按照

"十二五"规划,基本养老保险有望在五年内实现全国统筹。在我国养老金体制实现由市(县)统筹到省级统筹,最终达到全国统筹的过程中,我们也看到了我国养老保险制度存在的以上种种问题,我国养老保险体制的改革必然会形成一种趋势,因此我们应探索出一条符合我国国情的社会养老保险体制。

第三节 建议

一、做实和强化个人账户基金

以美国、日本等发达国家为例,这些国家要求国民每人都有一个独立的个人账户,每月存入多少资金,资金投资在了什么地方,每月定期会有汇报,这使得基金的投资受每一个人的监督,养老金的调度使用更透明。人们对自己个人账户的资金有了清楚的了解后才会愿意储蓄更多的资金,合理进行投资获得更高的投资回报率,才能规划自己未来的养老生活,国家也能筹集到更多资金减轻财政负担。

二、加强法制建设,完善行政管理体制

基金的筹资、征缴以及基金的违规挪用都与法制不健全有关。我国应完善养老保险法律体系,规范养老金的征、支、投。对地方政府、省级政府及其隶属的保险机构进行严格的督查管理,用法律手段防止养老金不必要的流失。

为避免行政工作的浪费,完善我国行政管理体制,可以借鉴智利、新加坡、美国的行政管理体制。这些国家法律规定,养老金统一由税务部门

征收，负责管理投资的是独立的政府或者私营的基金管理公司，而基金的支出和相关联政策标准的制定则是由社保部门负责。加强部门之间的协调与配合，建立养老保险管理信息资源共享机制，可以促进养老保险基金全方位的监督管理，有效地完善我国养老保险基金的行政管理体制。

三、扩大投资渠道，规避投资风险，提高收益

对个人账户基金应集中到省级社保经办机构，统一管理，建立"个人—省级社保经办机构—专业资产管理公司"的信托投资管理体制。我国目前的投资范围仅局限于银行存款与债券，投资回报率较低，可以尝试拓宽投资领域，例如投资于黄金、不动产等低风险领域。这不仅会降低货币信用风险、资本市场的系统风险，使养老基金能在低风险下实现资产收益最大化，实现保值增值，提高退休人群的生活水平，同时也有利于我国资本市场的发展。

四、大力发展商业养老保险

按照传统统计口径，我国2000年之前进入老龄社会，2025年进入深度老龄社会，2035年进入超级老龄社会。按照实际赡养比观察，受1963年生育高峰和女性50岁退休政策影响，我国在2010年，即提前15年进入深度老龄社会，企业职工养老保险在2013年后，难以维持3∶1的赡养比，可能提前20年进入超级老龄社会。安联集团2013年7月发布的《安联人口结构报告》指出，一方面人口出生率逐年降低，另一方面随着医疗水平的改善和提高，人口平均寿命不断增加，导致了我国人口老龄化进程加速。目前我国的退休人口与劳动年龄人口（15岁至59岁之间人口）的比例约为19∶100，而到2030年这个比例会攀升至40∶100，到2050年则会高达64∶100。这意味着届时100个劳动力将必须供养64个退休人口。与

此同时我国目前养老金替代率偏低，为社会平均工资的40%左右。

以国际经验来说，如果退休后的养老金替代率大于70%，即可维持退休前现有的生活水平，如果达到60%～70%，即可维持基本生活水平；如果低于50%，则生活水平较退休前会有大幅下降。1999年之前，我国企业职工养老金的替代率总体维持在75%以上，但之后呈逐年下降趋势，到目前已下降至40%以下，而且不同人群养老金替代率的巨大差异也引起了各方广泛关注。但我们不得不面对退休生活的落差。目前来看，政府养老金只能起到兜底的作用。

按照三大支柱构成分析，目前，发达国家或地区普遍建立了上述三大支柱养老保险体系。以美国为例，整个养老保险体系分为4：4：2结构，40%是国家出，40%靠企业年金等，20%靠个人商业保险。

在完善养老金积累增值机制方面，商业养老保险与国家基本养老保险和企业年金相比，优势体现在：其一，商业养老保险具有长期增值的机制保障。人身保险产品具有长期增值的特点，人寿保险公司根据精算原则，谨慎承担养老基金管理责任，以长期稳定的投资策略，保障未来养老资金保值增值。从世界范围看，经营商业养老保险的人寿保险公司基本都有可靠经营成果，收益一般高于储蓄；其二，商业养老保险具有较完善的法律保护机制。我国保险法及相关法规对人身保险公司的经营和监管有明确的法律规定，为切实保护被保险人的利益，法律不允许经营长期寿险业务的商业保险公司破产。保险监管部门的依法严格监管，将会确保商业养老保险的支付安全；其三，商业养老保险可以满足个性化资金积累需求。商业养老保险是商业合同，人们可以通过购买不同额度的商业养老保险，积累适合个人养老需求资金，有效保证人们退休后生活水平不下降。

在构建养老服务体系和提高养老服务能力方面，商业养老保险作为运用市场机制，引导社会资源进入养老领域的重要途径，可以实现养老客户的有效聚集、养老资金的有效归集，形成确定的、可量化的社会养老服务现实需求，将会直接拉动养老设施、老年医疗、老年护理和临终护理等养老产业链的成长和发展。同时，发展商业养老保险，也有利于培育包括基本生活保障、个性化养老生活服务、养老精神生活服务在内的多层次养老服务市场，促进社会化养老服务机制的完善，建立起适应我国未来养老人群多样化需求的整体综合服务体系。

商业养老保险经过前些年的快速发展，在社会养老保障体系中的地位明显提升，国家对发展商业养老保险越来越重视，先后出台了一系列有利于商业养老保险发展的政策措施。当前，我国正处于快速进入人口老龄化的初期，各商业保险机构应抓住机遇，紧密结合经济社会发展形势，学习借鉴国际有益经验，发挥商业保险在养老产业的先天优势，依靠自身努力，通过产品创新、服务创新、盈利模式创新、经营模式创新，积极捕捉市场机会，发掘客户潜在的养老需求，加快商业养老保险发展，为建立健全我国多层次的社会保障体系、提高广大养老人群的福祉做出应有贡献。

第五章 养老产业体系与模式

第一节 养老产业概念

在老年人的众多需求中,养老服务需求是主要需求,养老服务水平的高低是老年人能否安度晚年的关键因素。目前,我国对于养老服务的概念界定尚无定论,有人把养老服务统称为老年福利服务;也有的专家学者认为养老服务可以划分为两大部分,一部分是老年福利服务事业,一部分是养老服务产业。其中养老服务产业,是指那些为高、中收入或经济保障状况较好的老年人提供的养老改善提高服务,这些老年人有能力支付养老机构的各项费用,他们可以自由地选择机构。老年人福利服务事业则是为社会上更多的经济状况不是很优越的老年人提供的基本保障型养老服务,这部分老年人的养老需求同样旺盛,但是受收入的制约,他们承担不了市场化养老服务所必须支付的成本。

本文中的养老产业,是指为老年人提供设施、特殊商品、服务,满足老年人改善提高需要的,包括老年人衣食住行用医娱学等物质精神文化方面构成的一个产业链,是多个产业相互交叉的综合性产业,是由老年市场需求拉动而兴起的新兴产业。

第二节 养老产业体系和产业链

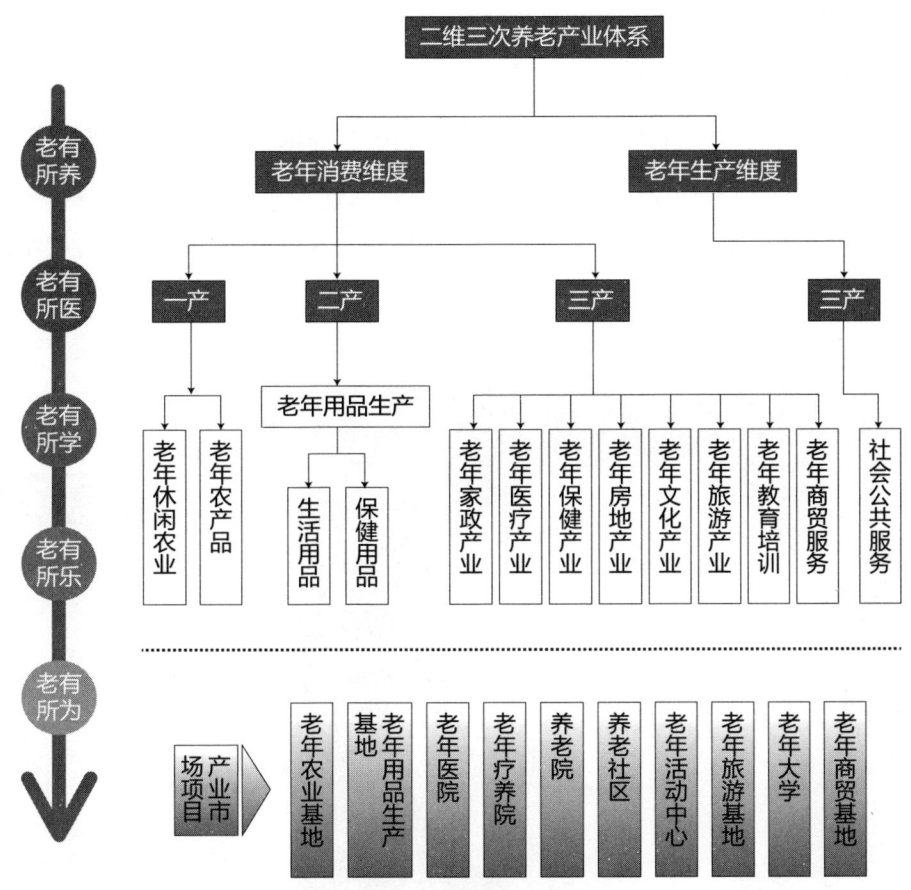

图29 养老产业体系

资料来源：建投研究院

养老产业也可以根据老年人群的基本需求和深层需求，分成三个维度的产业：本位产业、相关产业、衍生产业。

本位产业包括：养老设施和机构、老年房地产、老年护理服务业、老年服饰、老年食品、老年医疗等；相关产业包括：养老设施和机构供应链上的专业家具、专业设施、专业易耗品等；老年护理服务业供应链上的护理人员的培训、劳务派遣、老年护理专业用品、治疗和康复器械等，还包括来自老年人深层次需求的娱乐、学习、旅游、医疗保健、营养保健、心理咨询等；衍生产业包括：老年储蓄投资理财产品、老年地产的倒按揭等金融产品，寿险产品的证券化产权产品、长期护理保险产品等。

本位产业、相关产业、衍生产业之间相互补充，可以形成经济和社会效益的良性循环，共同促进老年产业的健康发展。

我国目前的产业梯度决定了，整个养老产业周期会比发达国家要漫长很多。这使得养老产业的市场化之路可能相对于发达国家来说要缓慢得多，但这毫无疑问是一个朝阳产业，潜力无穷。下面笔者将以具体数据来说明这一市场的潜力。

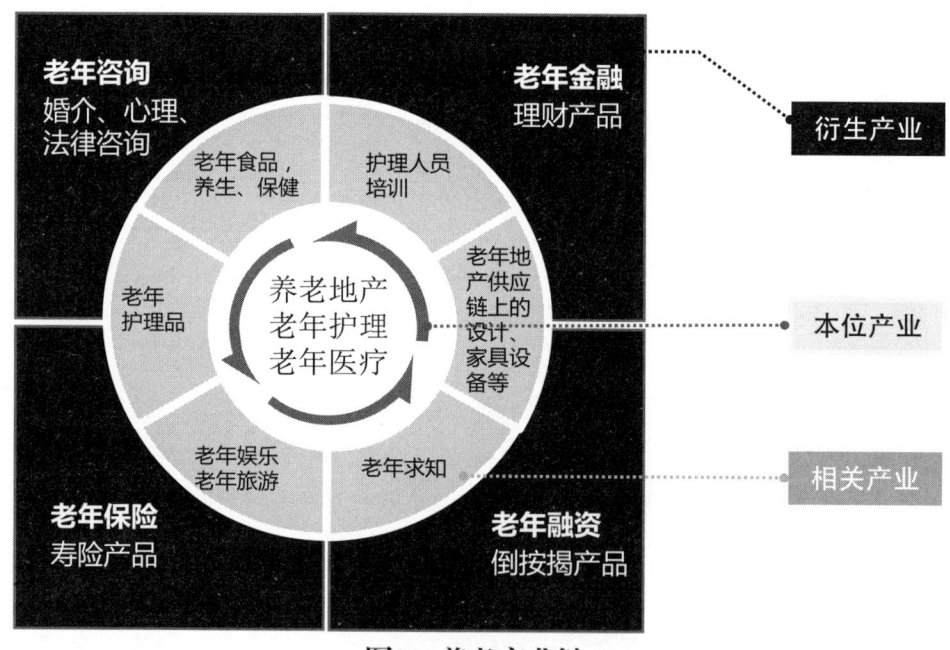

图30 养老产业链

资料来源：建投研究院

第三节 养老模式及特点

一、养老模式

（一）**家庭养老，即老年人居住在家庭中，主要由具有血缘关系的家庭成员对老人提供赡养服务的养老模式**。由于发达国家或地区具有较好的社会保障制度，家庭成员的独立意识比较强，老人大多不采用家庭养老方式，法律也不规定子女对老人负有赡养的责任和义务。但是，以东方文化为底蕴的日本、新加坡等国家，家庭养老仍占主体地位。

该种模式适合不愿意脱离熟悉环境，且子女有经济能力、闲暇时间、照顾精力和照顾意愿的老年人。

（二）**居家社区养老，即老人居住在家中，由社会来提供养老服务的一种养老方式**。它与家庭养老的区别是：居家养老服务的提供主体是依托社区而建立的社会化的养老服务体系，而家庭养老服务的提供主体是家庭成员。

居家社区养老模式将居家和社会化服务有机结合起来，使老年人既能继续留在熟悉的环境中，又能得到适当的生活和精神照顾，免除后顾之忧。目前欧美等发达国家接受居家养老服务的老年人的比例在80%左右。居家养老服务的主要内容包括基本生活照料、休闲娱乐设施支持等。居家养老服务的提供者主要有：居家养老服务机构、老年社区、老年公寓、托老所、志愿者。其中，老年公寓、托老所等是与其他养老模式相结合的产物。

该种模式适合子女无暇照顾，有一定自理能力且不愿意离开原有熟悉环境的老年人。

在实际生活中，家庭养老和居家社区养老很难截然分开，一般为描述方便，我们统称为居家养老或分散养老。

（三）机构养老，即将老人集中在专门的养老机构中养老的模式。该模式的优点在于通过集中管理，能够使老年人得到专业化的照顾和医疗护理服务，无障碍的居住环境设计也使老年人的生活更加便利；缺点在于容易造成老人与子女、亲朋好友间情感的缺失，而且成本较高。目前，发达国家或地区有5%～15%的老年人采用机构养老，其中北欧为5%～12%，英国大约为10%，美国大约为20%。

发达国家或地区大多对入住养老机构的老年人实行分级管理。根据身体健康状态、生活自理程度及社会交往能力，老年人可分为自理型、半自理型和完全不能自理型三级，从半自理到完全不能自理再分级，日、德分成六级。不同级别的老年人入住不同类型的养老机构。主要有以下几类：养老院、护理院、临终关怀机构。

二、养老模式的特点分析

（一）充分考虑老年人的全方位需求

综合来看，老年人的需求主要包括四个方面：一是经济提供，二是生活照顾，三是医疗护理，四是精神慰藉。由于发达国家和地区收入较高，社会保障制度和医疗体系较健全，经济提供和医疗护理不再是老年人养老的主要问题，生活照顾和精神慰藉受到了重点关注，特别是精神慰藉问题越来越引起重视。为了使老年人生活更加充实和情感需求得到满足，发达国家和地区采取了让老年人回归社会的各种措施，比如鼓励老年人重新就业、参加各类社会组织、参与各类公益性活动等，也包括让老年人重新回归家庭。

（二）建立分阶段、分层次、分级别的养老模式体系

老年人的身体健康状况、经济承受能力、个人喜好等有所不同，采取

的养老模式就有所不同。首先，从年龄阶段来看，刚退休的老人，身体健康状况非常好，更多地是选择家庭养老或居家养老。随着年龄增长、身体机能下降和疾病困扰，老人才有可能寻求机构的帮助。其次，从经济承受力来讲，有的老年人经济条件较好，希望选择高档的养老服务形式或机构，以提升生活品质，而大多数老年人经济收入一般，希望选择普通的经济型养老服务形式或机构，低收入老人则需要政府提供保障。再次，从自理级别来看，老人分为自理型、半自理型和完全不能自理型，半自理到完全不能自理又分成若干级别。每个类型和级别的老人需要养老服务的内容都会有所不同。最后，从个性差异来看，有的老人喜欢休闲聊天，有的老人喜欢旅游、收藏，有的老人希望继续工作体现价值，有的喜欢集体生活，有的喜欢清静独居。因此，应根据老年人的不同年龄阶段、不同收入层次、不同健康级别，建立不同的养老模式。

（三）实行养老服务规范化和标准化管理

在入住养老机构之前，发达国家或地区就对老年人分级。采用的通常是ADL（日常生活活动）指标。该指标包括两部分：一部分是I-ADL指标，测量的是维护日常生活环境、独立获取生活必需品的能力，包括购物、乘坐公共交通工具、打扫室内卫生、做饭四个方面；另一部分是P-ADL指标，测量的是穿衣、吃饭、洗澡、上厕所等方面的生活自理能力。针对不同级别的老人提供不同的服务内容，如对不能自理者主要提供康复护理服务，对自理者提供基本日常照料服务等。服务的项目和标准都有明确规定，老人一旦入住即无所顾虑。发达国家或地区还对居家日间照料服务出台了标准。如美国的康复设施鉴定委员会和全美日间照料协会就于1999年联合颁布了日间照料服务标准，对服务的内容和标准都做了明确规定。养老服务是一项高风险行业，老人很容易出现意外，导致很多投资者或机构因畏惧风险而不敢从事此项服务。通过出台明确的标准，一方面保障了养老服务的质量，另一方面也规避了养老机构和人员的风险，解除了社会力量参与养老服务的后顾之忧。

（四）居家养老（家庭、居家社区养老）是当前的国际趋势

起初，发达国家或地区在解决人口老龄化问题特别是老年人的照料问题时，会采取对老年人集中供养的方式，即建立敬老院、护理院等。虽然这种方式设施完善、照料周到，但随着人口老龄化不断发展，机构养老不利于老人与亲人等交流，容易造成情感缺失的弊端不断显现。于是，很多国家提出了让老人回归家庭的号召。但这种回归家庭的养老方式已不同于传统的家庭养老，而是一种将居家和社会服务相结合的养老方式，即通常所说的居家养老。居家养老不必使老年人脱离原有的居住环境和社会关系，也方便子女在闲暇时照顾老人，老人的情感需求能够得到充分满足。同时，居家养老能够充分整合利用家庭、社区的资源，使养老成本大大降低。居家养老服务机构提供的专业服务也能使老人的生活质量得到较好的保证。目前，居家养老已经成为欧美等发达国家老年人养老的主要方式，日本等国家也在大力发展居家养老服务。

（五）发挥政府的保障和引导作用

在完善养老模式过程中，政府应发挥两方面的作用。首先是对困难老人的保障作用。对于生活困难的老人，政府应主动承担责任，保障老年人的基本需求。发达国家政府的养老服务最初都是从保障孤寡、残疾老人的养老开始的。经过多年的发展，虽然社会力量在养老服务中已占了主要成分，但是政府对于困难老人的保障功能非但没有削弱，反而得到了加强。目前，英国、美国等都建有大量福利院，专供低收入、孤老等生活困难的老人养老。英国的政府保障性护理院占护理院总数的17%。其次是对社会养老服务的引导作用。养老本质上是一种社会公共事务，应依靠政府来引导，纳入社会管理和公共事务管理范畴。从国外的经验来看，养老的法律和服务标准需要政府制定，服务质量和服务水平需要政府监督，支持政策需要政府出台，全社会敬老爱老的氛围需要政府引导人民来营造，老年人的权益也需要政府保障和维护，特别是养老服务网络，更需要在政府的引导下建立。

（六）调动家庭和社会力量的积极性

养老是全社会的共同责任。从国外经验来看，政府、家庭、社会都发挥着重要作用。由于独立意识越来越强和家庭养老观念逐渐淡化，很多老年人不再和子女生活在一起。但是随着人们对老年人情感需求认识的不断深化，家庭的作用又开始引起重视，如有些国家已在探索给予因照顾老人而不能工作的家庭成员一定的补贴或提供弹性工作机会等。私人部门在发达国家的养老服务中也发挥着非常重要的作用。在英国，私人部门兴办的养老机构占到养老机构总数的60%左右，还有大量的私营企业从事着社区的日间养老照料服务。此外，社会上还有大量的志愿者，包括慈善机构和个人。2001年，英国有590万志愿护理者，其中大部分属于社区志愿组织。志愿服务形成了许多种形式，如互助型养老、储蓄型养老等。

（七）注重信息化建设

现代信息技术的发展，为加强对老年人的监护和提升养老服务质量带来了希望。如美国正在推广的家庭紧急救助系统就是很好的应用。该系统由一个与互联网连接的电脑、电视界面、电话和一系列传感器组成，这些传感器被精心放置在老人活动的关键地点，如浴室、厨房、入口和卧室，用来监视老人家中情况并记录他们的行为。如果家里一段时间没动静或房门传感器在一定时间内一直关闭，系统就会向家人发出警报。通过电视界面，家人可观察老人的情况，并给老人发送信息。依靠这一系统，即使相隔千里，老人也能经常和家人交流。

三、发达国家或地区主要养老模式

（一）美国实施的养老模式及运行机制

在美国，社会非常发达，还是以家庭养老为主。真正进入机构养老院的只有20%，其余都是居家养老。很多美国老人都拿着退休金到风景优美、适宜养老的国度或地区养老，如美国的退休老人到佛罗里达、夏威夷、墨西哥海滨购房长住，安度晚年。

美国自1965年颁布实施了《老年法》、《老年人社区服务就业法》、《老年人志愿者工作方案》、《老年人营养方案》等一系列法律、法规和政策，使老年人在经济收入、医疗保健、住房就业、机构住养、学习生活等各个方面都得到保障，为老年人构建了一张社会安全网。美国政府为老年人提供年金和安全补助，对需要医疗救助的老人提供公共救助。政府和民间慈善组织为老年人设计并兴建住宅，以低廉的价格甚至免费供给老人居住，同时也兴办养老服务机构、老人活动中心和老人日间托护中心等机构。各类养老机构为在院老人提供膳宿、康乐、医疗、葬礼等服务，老人一日三餐由专业营养师帮助制定食谱。美国实施老年保健计划，凡年满65岁的公民，无论已经退休还是仍然在业，均有资格享受政府提供的保健服务。各州设有供餐中心，为生病或独居老人送食上门，一些低收入的家庭和老人可以得到由政府提供的食品券。美国老人乘地铁、公交车均有优惠。美国老年大学较多，老年人教育基本免费。一些社会机构为老年人提供心理和法律服务，政府和慈善机构为有能力的老人提供就业的机会。

运行机制：医疗照顾辅以社区服务

美国政府对老年人实施全面医疗照顾，简称PACE。1997年美国出台《平衡预算法案》提出PACE计划（The Program of All-inclusive Care for the Elderly），是政府提供的一个为体弱多病的老人提供长期照顾的创新项目。在医疗保障方面，美国政府只对老人提供医疗保险（Medicare，专门针对60岁及以上老年人的医疗项目）。PACE计划是在老年医疗保险基础上发展起来的，规定参加者必须55岁以上，居住在PACE服务区内，被州政府的相关机构鉴定为体弱多病，符合入住护理院的老人。PACE商业运营，政府监督，其特点有：其一，适合到护理院居住的客户可以选择在社区里接受长期的照顾服务；其二，通过多学科的专家组成的团队来进行个案管理；其三，是整合成人日常健康中心

（ADHC）提供的各种医疗服务。PACE模型主要解决了慢性病老年人需要被长期照顾的困难，为他们提供有效的服务，使这些体弱多病的老人可以居住在自己的社区里，尽可能保持健康，同时使他们能保持一种独立、有尊严、有质量的生活。

在老年人医疗保险服务的基础上，美国政府基于社区为老年人提供一系列的居家养老服务。当然，费用主要由受助人支付。

服务内容

基于医疗保险的PACE项目形成一个全方位的照顾计划，为老年人提供了所有的医疗相关服务，包括急性照顾服务、看护服务、初级医疗照顾、住院治疗、护理院照顾，以及预防性的、恢复性的、治愈性的和护理性的服务等。

PACE项目以外，美国的社区养老服务内容丰富，涵盖方方面面，包括病历管理、成人日间照顾、家庭健康扶助、个人照料、杂务服务等等。社区还普遍设立家庭保健中心（为在自己家中居住者提供简单的日常生活及护理服务）、老人活动中心（除提供养老午餐外，还组织文化、娱乐、教育、旅游等活动）、提供免费教育、进行老年人志愿者服务。

政府还在社区为居家老人安装电子应急系统，处理紧急情况。

资金来源

PACE项目经费主要来源于医疗保险和医疗救助每个月给符合条件的老人支付的救助资金。符合医疗保险条件、但不符合医疗救助条件的参加者自行支付服务费中的差额部分。

社区服务项目一部分免费，收费的服务项目由个人付款及在各种保险计划中开支。

目前在美国一些地方，"以房养老"已被许多美国人认为是一种最有效的养老方式，美国是"以房养老"模式的鼻祖。许多美国老年人在退休前10年左右就为了自己养老而购买房子，然后把富余的部分出租给年轻人使用，利用年轻人支付的房租来维持自己的退休后生活。由于美国的房屋出租业比较发达，美国人支出的房租大约占个人支出的1/4到1/3，因而房屋出租的收益也是比较可观的。

除此之外，美国政府和一些金融机构向老年人推出了"以房养老"的"倒按揭"贷款，至今已有20多年的经验。"倒按揭"发放对象为62岁以上的老年人，有三种形式，前两种与政府行为相关，后一种则由金融机构等办理，不需政府的认可手续。除美国之外，加拿大也是倒按揭贷款业务发展比较快的国家之一。

（二）英国的小区照顾养老模式及特点

世界上较早进入"银发"时代的国家——英国，对老年人采取的社区照顾的模式，取得了相当不错的成效。这一模式，对于逐渐步入老龄化的我国，有相当大的借鉴意义。

现在，英国65岁以上的老年人超过1 000万，约占全英国总人口的18%，75岁以上的老年人亦有370万。英国人的平均寿命，男性已增至71岁，女性更是增至77岁。如今英国已出现了一些"老年人城市"，如贝克斯希尔、海斯汀、伊斯特邦等，这些度假城市风景如画，退休的老年人纷纷迁入安度晚年，城市中老龄人口已占20%～50%。面对日益庞大的老年人群，英国政府是如何解决他们的养老问题的呢？从二十世纪90年代开始，英国政府就将养老问题纳入社区，对老年人采取了社区照顾的模式。

社区照顾的主要内容包括：

第一，生活照料（饮食起居的照顾，打扫卫生，代为购物等）。生活照料又分为：居家服务、家庭照顾、老年人公寓、托老所等4种形式。

居家服务，是对居住在自己家中，有部分生活能力，但又不能完全自理的老年人提供的一种服务。具体包括上门送饭、做饭、打扫居室衣物、洗澡、理发、购物、陪同上医疗卫生机构等项目。目前英国约有13万人从事这一服务，约10%的65岁以上的老年人接受这一服务。家庭照顾，是对生活不能自理、卧病在床的老年人，在家接受亲属全方位照顾的形式。老年人公寓，是对社区内有生活自理能力但身边无人照顾的老年夫妇或单身老年人提供的一种照顾方式。托老所，包括暂托所和老年人院。因家人临时外出或度假，无人照料的老年人便可送到暂托所，由工作人员代为照顾；而那些生活不能自理，又无人照顾的老年人则送入老年人院。

第二，物质支援（提供食物、安装设施、减免税收等）。比如，地方或志愿者组织用专车供应热饭，负责为他们安装楼梯、浴室、厕所等处的扶手，设置无台阶通道和电器、暖气设备等设施，改建厨房和房门等。

第三，心理支持（治病、护理、传授养生之道等）。如，保健医生上门为老年人看病，免处方费；保健访问者上门为老年人传授养生之道，如保暖、防止瘫痪、营养及帮助老年人预防疾病等。另外，还规定了为老年人提供视力、听力、牙齿、精神等方面的特殊服务。

第四，整体关怀（改善生活环境、发动周围资源予以支持等）。比如，由英国出资兴办具有综合服务功能的社区活动中心，为老年人提供一个娱乐、社交的场所。行动不便的老年人则由中心定期派专车接送。同时，为帮助老年人摆脱孤独，促进心智健康，适当增加老年人的收入，社区为老年人提供力所能及的钟点场所——老年人工作室。

社区照顾与传统的家庭养老和集中院舍养老相比，具有很大的优越性，它融合了传统的家庭养老和集中院舍养老之长，更符合人道的原则，更注重对老年人心理和情感上的关怀，使老年人过上了正常化的生活，提高了老年人生活的质量。

此外英国大力发展智能化养老公寓。英国生命信托基金会计划构建一种全智能化老年公寓。公寓将采用电脑技术、无线传输技术等手段，在地板和家电中植入电子芯片装置，使老人的日常生活处于远程监控状态。如果老人走出房屋或摔倒，地面安全传感器会立即通知医护人员或老人亲属；冰箱里的牛奶翻倒洒出，或是锅热在炉灶上无人看管，安在冰箱和厨房的传感器会发出警报；自动化"药剂师"的职责是提醒老人准时吃药；

娱乐传感器则在老人进门时自动播放主人喜爱的音乐,并适时调节暖气和灯光。

(三)日本的养老模式及发展

在日本,据总务省2001年6月公布的人口统计,65岁以上的老人达2 227万,占总人口的17.5%。而随着社会的发展,养老方式也逐渐由家庭走向社会,其中,把居家养老与社会养老结合起来,是目前日本流行的养老方式。

居家养老包括传统的方式和现代方式。传统的居家养老方式指的是家庭养老,主要建立在老人自己营造的家庭环境之中,并与后代共同生活,其养老资源主要来自家庭本身的收入和家庭成员的照顾;现代居家养老方式同样是在"家"养老,但是这个家可能是老人自己的家,也可能是子女的家,老人养老生活主要不是靠家人照顾,而是依靠社会化的服务,包括通过长期工、短期工、钟点工等形式雇人进家侍奉老人,以及社会医疗、卫生、保健、文化、体育、娱乐机构随时为老人提供服务等。现代居家养老方式不用离开"家"的环境,也不用支付养老院的床位等费用,还可以自由选择服务,这种"家庭养老院"是非常受欢迎的。

某著名国际电子公司已经设立了专门的养老院部门,准备在大阪建造一所具有高科技含量的综合型养老院。在那里,老年人可以和机器宠物玩耍,还能通过互联网与亲朋好友保持联系。韩国三星等公司也在积极开拓针对不同消费层的老年公寓。

此外,提到日本的养老服务业,不得不简单提及相关的社保体系。

日本跟养老有关的社会保险主要有两种,一种是年金,相当于中国的养老金。从20岁开始强制性缴纳直到60岁,65岁之后每人都有资格领取。

另一种叫介护保险,主要是针对由于老龄化而引起的有护理需求的人群。40岁以上开始缴纳,65岁以后如果有护理需求,可以在评估等级后接受护理,个人只用承担费用的10%,其他90%由保险给付。介护保险基金的构成由政府和个人各负担一半。享受保险的资格分为7个等级，从轻度到重度分别为，要支援1～2，要介护1～5。根据等级的不同，其上限不同，要支援为约每月5万～11万日元（3 000元-6 500元），要介护为每月17万～37万日元（约1万～2.1万元）。超出部分由自费负担。

日本1970年开始65岁以上人口超过7%，1994年超过14%而进入老龄社会。养老服务业从二十世纪70年代开始进入草创期，但真正得到迅速发展还是在2000年导入介护保险之后。当时的养老服务业市场规模只有3.6兆日元（约2 200亿人民币），而13年后，这个市场迅速扩大到了9.6兆日元（约5 800亿人民币）。

日本的养老服务种类比较多，主要分为居家、地域密集型、老人福祉机构3大类。

所有这些不同的服务类别里，最主流的除了各种类型的养老机构及住宅，就是访问护理以及日间照护中心。尤其是日间照护中心，由于投资小，利润率高，发展速度很快。

（四）我国台湾地区养老服务模式及借鉴

1. 快速老龄化的台湾

与大陆相比，我国台湾地区早在1993年就进入了联合国定义的老龄化社会，这导致了台湾地区养老服务的发展至少要比大陆地区提早了20年。至2008年底，台湾65岁以上老年人口为240.2万，占总人口的10.43%。据台湾"行政院"预测，到2025年，我国台湾地区老年人口将占地区总人口的20%以上。在老龄化社会，如何让老年人有尊严、有保障地生活，成为台湾当局、民间组织、家庭以及老人本身共同关注的焦点问题。

根据世界卫生组织（WHO）的定义，65岁以上老年人口比率超过20%的就是"超高龄社会"。据相关部门预测，台湾在2025年将进入所谓的"超高龄社会"。但事实上，据台湾当地媒体报道，台湾老龄化的速度快了许多。

据台湾"经建会"最新统计显示，随着人口老龄化加速、生育率下降，在2016年，台湾地区人口老龄化指数将飙破100%，也就是说，届时老年人口将超过幼年人口。到2026年台湾的人口将达到零增长，随后可能出现逐年下降的趋势。在台湾，养老服务已经从最初的市场需求演变成为一个社会问题。

2. 模式：机构式、小区式两种长期照护并存

据台湾长庚养生文化村相关负责人介绍，他们平均每天接待三批自大陆地区前往参观的团体，分别为政府部门、医疗业以及投资公司，其中投资公司的占比超过一半。与大陆地区不同，台湾地区的养老机构多由医疗机构因竞争激烈衍生，而非开发商逐利房地产。

医疗护理机构知道人老化的过程，设置适老的设施和服务。在我国台湾地区，做养老都会提到一个概念——CCRC（Continuing Care Retirement Community），即持续照料退休社区，为老年人提供自理、半护理、全护理一体化的居住设施和服务。据了解，CCRC通常选择在距市中心50~100公里、一小时车程内、交通便利的城市周边地区。退休社区以围墙封闭自成一体，配备安全监控、保安巡查等多种方式提供安全保障。社区配有大面积绿地、景观、花园、种植园区，为入住者提供居住养生环境，并且从个人居所到服务场所、公共空间全部为无障碍设计。

而根据模式又可分为机构式、小区式两种服务，对应我国大陆地区即为机构养老、居家养老。所谓机构式的服务指的是24小时皆有照顾人员照顾老人家的生活起居，如护理之家，而社区养老指的是老人家留在自己熟悉的生活环境中，接受不同专业的服务。

3. 特色：台湾养老体系完善，规定细致

在早期的"草莽"阶段，台湾当局为呼吁机构参与养老市场，所设定的条件相对比较宽松，但发展到一定程度后，特别在1997年以后，台湾当局就开始对这个行业进行规范。所以现在我国台湾地区养老行业面临的问题反倒是规范得非常细致、严格，让很多企业做的时候觉得门槛

太高、成本太高，甚至规定到每张床位要多宽。台湾公布的与养老服务相关的文件就有《台湾护理员规定》《台湾长期照顾十年计划》《台湾老人福利规定》等。以1980年公布实施的《老人福利规定》为起点，台湾其后又陆续公布《加强老人赡养服务方案》《照顾服务福利及产业发展方案》等文件，在1997年和2007年还分别修订了《老人福利规定》，而卫生行政体系自1997年开始，亦陆续执行《建立医疗网第三期计划》《老人长期照护三年计划》及《医疗网第四期计划》等方案。依据老人收入情况不同，台湾当局还对需要养老服务的个人提供不同程度的补贴和医保报销。

4. 台湾养老机构属于卫生机构，可用医保

我国台湾地区没有大陆地区意义上的养老地产，而是有很多的养老机构，都不是针对健康老人的，比较像大陆地区的敬老院或护理院。给健康老人住的是养老公寓社区，比较有名的是长庚养生村和三芝双连安养中心。与大陆地区不同的是，台湾90%做养老机构的企业都不是开发商，而是医疗机构延伸出来的。

比如，长庚就是先做急性医疗，经营了三十几年后，觉得老年化是一个趋势，所以做护理院、老年住宅。长庚养生文化村是真正符合CCRC标准的社区。

现在我国大陆地区一些养老项目经营甚至销售情况不佳，因为都把精力放在硬件上，以为只要有无障碍公寓、有扶手、有护栏就行了。但是通过对老年人及其家属的了解，能吸引老人及其家人或监护人的，一是医疗健康保障，二是丰富有趣的活动内容，而且生活都和健康养生有关，老人就会很有兴趣。老人住进来是选择合适的生活方式，而非买房。

目前我国大陆地区很多做养老项目，不懂得CCRC是什么，不能提供从健康老人到居家护理到护理中心的一条龙服务。硬件是需要，更重要的是在硬件基础上提供的服务，尤其是身体健康和精神愉悦的服务。

5. 盈利能力能达到15%～20%

台湾地区的养老社区多是轻资产概念，建安费会比较少，通过租赁土地降低运营成本。成本包括建安、土地、装修、设备、人力等，最大的成本费用支出是人力，会占到运营成本约一半。人力成本如果超过70%就比较难赢利，如果降到40%左右，利润就出来了。因此仅从运营成本看，基本都可以赢利，只不过这利润不是很大，做得好的能达到15%～20%。

6. 我国台湾地区养老服务最值得大陆地区学习的

我国台湾地区的特色是养老机构和医疗机构，都是一个卫生机构，所以能跟医保对接，这是和大陆地区最大的差别。首先，它的收入种类多，比如护理费、诊疗费、医药费、养生保养费、康复费等。第二，与医保结合后，老人的费用负担就减少，本来如果要老人全部承担的话，他可能一周只做一次，和医保结合后，他可能一周做两次。现在我国大陆地区很多老年住宅，收入种类太单调，通常一是会员保证金，二是每个月的管理费和房租，三是每个月固定的餐饮费。餐饮费根本没有多少利润，老人都吃得很省。因为开发商买地盖楼成本很高，会员费管理费收取后，先把这部分成本付掉，减少现金的成本利息。但会员费不是收入，随时可以退还，因此不能称为营收。收入种类单调，所以就造成生存发展的困难。

7. 案例

我国台湾地区的养老社区，规定最低配置床位是50床，200～300床以上就可以称作是大型社区。

我国台湾地区首个养老社区长庚养生文化村，拥有4 000个床位。作为台湾地区第一座专门的老人住宅社区，长庚养生文化村自2005年开业以来，已入住老人近500户。总占地面积是34公顷，其中绿地面积占到了一半，约17公顷，共规划有A、B、C、D四栋，如果全住满是4 000户。

在长庚养生村，不仅收留需要专人看护的生活不能自理的老人，凡年满60岁、配偶年满50岁的健康长者都可申请入住，这部分住户就只需缴纳一定的押金和租金。如一房一厅的月租金，单人是18 000元台币（约3 712元人民币），双人是23 000元台币（约4 743元人民币）。但随着入住者年龄增长，在自理与护理的过渡期间，长庚养生文化村还会提供半护理的颐安居社区，比如帮助老人穿衣、喂饭、洗澡等等，月租金要比自理住户贵10 000元台币（约2 062元人民币）。

因长庚养生文化村为半公益性质，因此收费是比台湾一般的护理机构略低，盈利水平基本能维持运营，而其依托的庞大的长庚医疗体系，如长庚医院才是盈利所在。据了解，长庚养生村的投资金额为500亿新台币（约100亿人民币），除了常规场地、设施设备，养生村还专门修建了高氧的阶梯步道和低氧的养生缓坡步道，并配置了全程监控、紧急呼叫设备。在步道上，每隔5~10米就有一个座位供老人散步时休息停留。沿途，还设有高台农耕区，避免老人弯腰麻烦和不便。

第四节 养老产业分类

养老产业按需求属性的不同，可以分为医疗保健业、日常生活用品业、家政服务业、房地产业、保险业、金融业、娱乐文化产业、旅游业、咨询服务业、其他特殊产业等十个细分产业。

一、老年医疗保健业

老年医疗保健业是指为老年人提供医疗保健药品和医疗器械，主要涉及药品、保健品、医疗器具、健身器材、康复器材、老年人常用的辅助医疗设备、疗养休养、住院陪床伺候等产品的生产与服务。

二、老年生活用品业

老年生活用品业是为老年人提供诸如手杖、服装鞋帽、饮食、餐具、防滑器具、放大镜、助听器、拐杖、轮椅、成人尿布以及其他方便老人的专用品，比如，座椅式便桶、升降式轮椅或床、呼叫器或警报器等。

三、老年（家政）服务业

老年服务业是高年龄段老人尤其需要发展的项目，主要以家庭护理、日常家庭照顾、家庭修缮以及各种用品修理等为主。家务服务，包括家务、购物、打扫卫生、整洁环境、洗衣等；活动服务，包括用餐、洗澡、淋浴、上厕所、陪同上街、逛商店、换衣服等；友爱服务，包括电话交谈、上门交谈、聊天、代写书信、生活谈话、网上聊天等。

四、老年公寓（房地产）业

老年公寓（房地产）业主要为老年人提供建筑设施，如老年公寓、托老所、护理医院、敬老院等。住房对于老年人来说是养老和安身之处，拥有住房是一件十分重要的事情。但是，如果住房不能根据老年人的特点设计修建，那就会给老年人的生活带来诸多不便。比如，老年人由于年老体弱，楼层不宜住得太高；由于视力衰退，要求房间透光好；由于行动不便，要求有防滑防跌设施等。

五、老年保险业

老年保险业为老年人提供人身保险、健康保险、养老保险等。人们都希望健康、长寿、晚年生活幸福，希望在遇到疾病，特别是重大疾病时能够得到医治，在年老体弱、没有经济收入时，生活能得到保障。随着市场经济体制的建立，社会保障制度和医疗制度的改革，以及与家庭变迁相联系的家庭保障功能的弱化，人们特别是老年人的保险意识增强，对保险的需求增大，保险业在老年人中将会有一个很大的市场。

六、老年金融业

老年金融业是指随着老年人社会保障制度继续推行和保障面的不断扩大，以后老年人的经济状况将会越来越好，会有一些理财观念很强的老年人购买金融产品。

七、老年娱乐文化产业

很多老年人在退居、赋闲时，有了大量的空闲时间开展娱乐文化活动，丰富自己的精神文化生活。娱乐方面包括老年活动中心、老年茶园、老年棋牌室、阅览室、歌舞厅、游乐场等，文化教育方面包括老年大学、老年职业培训、各种学习班等老龄教育产业。

八、老年旅游业

老年人对旅游也情有独钟。他们在度过了繁忙紧张的职业生活之后，希望晚年生活能够过得轻松、和谐、愉快而有意义，游览名山大川，尽享旅游之乐，成为许多老年人休闲活动的一种重要选择。在当今，外出旅游已开始成为许多老年人追求的一种时尚，经济发达的国家更是如此。

九、老年咨询服务业

老年人由于生理心理的原因,在生活中会遇到许多问题和困难,需要社会给予帮助解决。以老年人为对象的咨询服务将会受到老年人的欢迎,如解决老年人心理障碍的心理咨询,为老年人健康提供帮助的健康咨询,为老年人提供法律帮助的法律咨询,以及为老年人日常生活提供帮助的家政咨询等。

十、其他特殊产业

其他特殊产业是指有些老年人有着自己特殊的喜好,这些需求不具有普遍性和通常意义上不可或缺的特点,如古玩等老年消费品、老年特殊需要品,花卉种植、老年表演、老年交谊、老年气功、书报影视等。

图31 养老产业集群

资料来源:建投研究院

第六章 我国养老产业发展、特征和作用

第一节 我国养老产业形成过程

改革开放之前,城镇家庭的养老功能强大,家庭和单位合力使老年人的养老服务资源得到很好的发挥,尽管资源有限,但各尽其力。在农村,政府和集体合力为"五保"老年人提供养老服务,而其他农村居民只有靠家庭,有时需要求助亲戚和邻里来照顾。我国社会的城乡二元结构特征在养老服务领域十分明显。

改革开放以后,随着市场经济的发展,单纯依赖单位提供各种养老服务的时代已经一去不复返,取而代之的是由政府、企业以及个人养老储蓄各种提供的养老保障与服务。

与此同时,在未富先老的形势下,应对日益严峻的老龄化趋势,政府不得不发动社会力量来共同发展老龄事业,即所谓的社会福利社会化。主张在供养方式方面坚持以居家为基础、以社区为依托、以社会福利机构为补充的发展导向;国家资助社会各方面力量积极兴办社会福利事业。我国的"社会福利社会化"包括提供主体多元化、服务对象公众化、服务方式

的多样化和服务队伍的专业化。在这"四化"中,最重要的是提供主体的多元化。也就是说"社会福利社会化"的主要特征之一就是提供福利服务主体的多元化。

进入二十一世纪,随着市场经济体制不断完善,社会福利事业也得到了长足的发展。全国推进了社会福利社会化政策,原有的养老服务模式在不断变革中求生存,同时,各种新的养老服务形式如雨后春笋般破土而出。养老服务可分为两大类,一类是居家养老,一类是机构养老。

另外,在涉老服务领域中也出现了一些新型的非营利性的中介咨询机构,如养老服务超市、老人综合服务中心等。它们以信息化的手段为纽带,为老人提供法律维权求助服务、健康知识等多项咨询活动。此外,各个地区的街道社区也在探索养老服务的新形式、新渠道,如网络服务、上门照料服务、日托服务、全托服务、志愿者服务、时间储蓄等养老服务新形式。总之,由民间资本介入,在民政部门的扶植下,养老服务行业逐渐活跃起来。

然而,在养老服务社会化过程中却出现了许多误区,如把养老服务社会化等同于民营化和市场化。一些地方把养老服务看成是一种营利性"产业"来振兴和发展。再加上老人接受服务时基本上是自费的,于是一部分社会资本(包括部分外资)便纷至沓来,抢占这个"具有无限开发前景的市场"。有些盈利性机构和企业,享受福利机构的优惠政策,从事营利性事业,在政府有关部门监管不到位的情况下,一些养老服务机构为追求利润最大化随意提高养老机构的档次,抬高服务价格,降低服务质量。其结果是把养老服务引上了歧途。为此,民政部等多次出台各种政策,鼓励社会力量加入到养老服务中来的同时,对各类服务进行规范。

我国的养老产业自新中国成立至今,大致可分为以下三个阶段:

第一阶段:新中国成立至二十世纪七十年代,由于处于年轻型向成年型转变的人口结构,还未产生养老问题。

新中国成立至二十世纪七十年代,由于受人口生育政策不受限制影响，处于年轻型向成年型转变阶段，老年人占社会人口比重较低。所以该段时间养老问题并未引起社会的重视，也没有所谓的发展养老产业的说法。

第二阶段：二十世纪八十年代至二十世纪末，老年市场有了一定的发展，初步显现一定的发展潜力。

自二十世纪八十年代以来，我国的老年市场有了较快的发展，并且逐渐形成了一定的体系。随着我国于1999年老年人口比重进入国际公认老龄化水平线，老年人口快速增加、老年人购买力逐渐增强老年人消费观念和消费行为改变，我国的老年市场得到进一步扩大。

这一期间，有些企业一哄而上，竞相推出一些老年产品。但由于未对老年人的购买力水平、消费习惯和消费特征进行准确的分析，很多产品因不适应市场的需求而最终解散。

第三阶段：二十一世纪初至今，随着人们生活水平的提高，老年群体消费需求的变化，老年市场越来越大，但是企业供给却不能满足市场的需求。

第二节 我国养老产业发展现状

养老服务是最典型和最大的老龄业。老年人的需求是老龄服务业发展的根本，而老年人的主要需求是养老服务需求。

我国的养老产业是从计划经济条件下那些专门为照顾"三无对象"而设立的国家福利设施的基础上发展起来的。我国传统的养老模式是家庭养老，没有家庭支撑的城市孤寡老人和农村五保老人，则由政府兴办的敬老院或养老福利机构负责供养。

随着经济社会发展，特别是人口老龄化的迅猛发展，家庭和政府都无力负担沉重的养老服务压力，只能求助市场，动员广泛的社会力量为老年人提供养老服务。2013年老年人口数量突破2亿大关，达到2.02亿，老龄化水平达到14.8%。老年抚养比从1964年的6.3%逐渐上升到2013年的13.29%，推动社会总抚养比从2012年的44.62%上升到2013年的45.94%。这就是一个潜在的养老服务需求的巨大市场，可以预见养老服务业将为未来养老产业创造巨大空间和舞台。

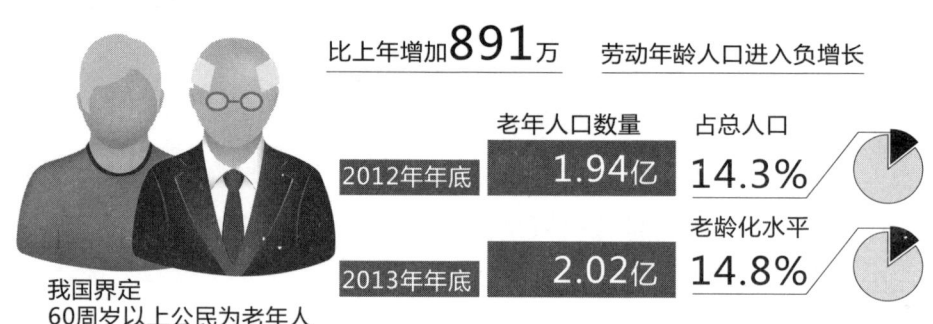

图32 我国老年人口情况

资料来源：建投研究院

以居家养老为基础、社区服务为依托、机构养老为补充，是立足我国国情，借鉴国外的经验，经过多年的探索和实践走出来的一条我国特色的养老产业发展之路。

之所以强调居家养老的基础地位，主要在于：其一，它符合我国的文化传统；其二，它适合我国的国情；其三，它符合法律的规定；其四，它有利于家庭和社区的优势互补。同时，还应看到，家庭是社会的细胞，和谐的代际关系和良好的家庭氛围对于创建和谐社区、构建和谐社会无疑具有重要的意义。

在人口加速老龄化的形势下，传统家庭养老功能弱化，居家养老客观上需要政府和社会的组织、资助、支持和推动，而其中最为关键的要素是社区养老服务的依托和支持。社区是家庭和社会的纽带，老年人居住在社区，生活在社区，加强社区养老服务设施、服务队伍和信息网络建设，可为居家的老年人及时提供日间照料、家政、情感慰藉等多样化的服务，有效解决传统家庭养老功能弱化所带来的问题。社区的支持是新型居家养老区别于传统家庭养老的一个重要特征。

解决我国的养老问题，以社区为依托的居家养老是主要的方式，但机构养老的补充作用不可或缺。机构养老是专业化和规范化的养老服务，它主要面向的对象：一是需由政府供养的孤寡老人，二是空巢老人，三是家庭无力照顾的生活不能自理或半自理老人，四是有经济支付能力、愿意到机构照料的老人。必须高度重视并发挥政府、社会各方面力量，加快养老机构建设。政府主要加强面向城乡孤寡老人、低收入老人及其他有特殊困难老人的收养型、护理型养老机构建设。而对于其他养老需求，主要应以市场为导向，充分调动社会各方面的积极性兴建养老机构，从而实现养老资源的合理配置。

居家养老、社区支持、机构照料是相辅相成、互为补充的服务体系。只有坚持居家的基础地位，才能使绝大多数老年人老有所养；只有发挥社区的依托作用，才能使居家养老的基础地位得以巩固；只有强化机构的补充作用，才能使有特殊困难、有特殊养老需求的老年人得到有效照顾，从而实现"人人享有基本养老服务"的目标。因此，我们必须从国情出发，充分认识构建我国特色养老服务体系的必要性、可行性和紧迫性，统筹兼顾，科学规划，加大力度，促进其加快发展。

市场发育是产业形成与成长的基础。就我国养老市场而言，进入二十一世纪以来，我国人民的生活水平稳步提高，消费观念发生较大的改变，我国老年市场潜力增大，老年人的需求开始向个性化、多元化方向发展。然而，尽管企业界和理论界均认为我国的老年市场亟待开发、老年产业潜力巨大，大部分企业却不敢轻易涉足老年产业。只有少数企业将目光瞄准了老年市场，推出了一些老人生活用品、老人保健品、老人服装、老人化妆品、老年公寓等商品。整体来看，我国养老市场仍存在很大的空白。

第三节 我国养老的主要模式

进入二十一世纪，随着市场经济体制不断完善，社会福利事业也得到了长足的发展。全国推进了社会福利社会化政策，原有的养老服务模式在不断变革中求生存，同时，各种新的养老服务形式如雨后春笋般破土而出。目前，家庭养老、社区居家养老和机构养老是我国现有的三种基本养老模式。家庭养老是传统的养老模式；养老机构（养老院、养老社区）养老是社会化的养老模式，亦称为"集中养老"；社区居家养老则是一种兼顾家庭和社会的养老模式。也有些学术研究将家庭养老和社区居家养老统称为"居家养老"或"分散养老"。

一、家庭养老及发展现状

我国是崇信儒家文化的国家，长期以来形成了"家庭养老"的传统模式，养儿防老、家长的主导地位、几代同堂等传统观念根深蒂固。选择家庭养老的人们，他们生活在家庭中，感到"熟悉"和"自由"，经济上也比较划算，从社会的角度考虑，家庭养老的社会硬件设施成本几乎为零。

我国的养老模式主要采用居家养老的方式，这是由几千年的农耕社会所延续的家庭养老的模式和养老文化决定的。中国一直缺乏有效的社会养老机制，养儿防老是中国人最传统的观念，家庭养老是最主要的养老模式。这种养老模式存在天然的优势。老人与子女生活在一起可以享受天伦之乐，物质上和精神上都能老有所养。但家庭养老在新形势下的脆弱性显示出其历史的局限性。现代社会的人际竞争加剧，生活节奏加快，工作负担加重，致使家庭养老的人力成本剧增，一般家庭难以承受，赡养者疲惫不堪。加上"421"型家庭的增多、空巢家庭等等问题的出现，家庭养老这一传统养老方式必将随家庭结构的变化而逐步向社会养老过渡。

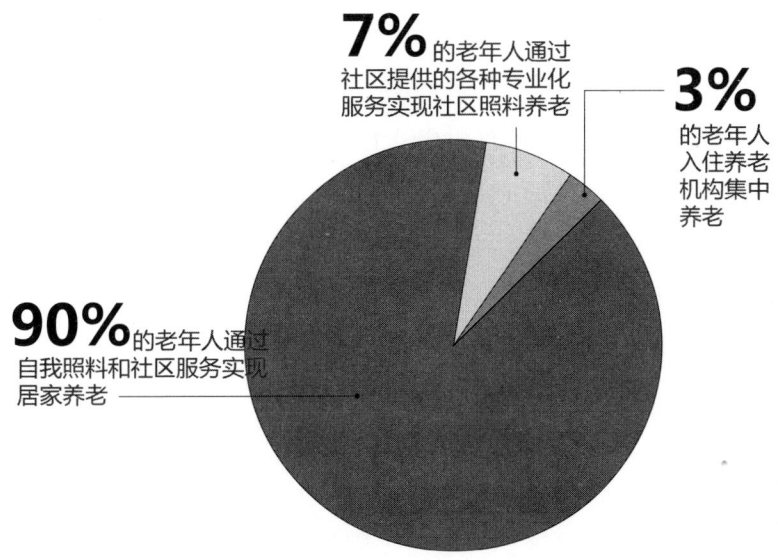

图33 我国养老方式选择构成

资料来源：建投研究院

二、社区居家养老及发展现状

"社区"一词源于拉丁语，意思是共同的东西和亲密的伙伴关系。二十世纪三十年代初，费孝通先生在翻译德国社会学家滕尼斯的著作《Community and Society》时，把英文单词"Community"翻译为"社区"，后来被许多学者引用，并逐渐流传下来。其最初的含义是"具有共同价值取向的同质人口组成的，关系密切，出入相有，守望相助，疾病相扶，富有人情味的社会共同体"。世界卫生组织于1974年集合社区卫生护理界的专家，共同界定适用于社区卫生作用的社区定义："社区是指一固定的地理区域范围内的社会团体，其成员有着共同的兴趣，彼此认识且互相来往，行使社会功能，创造社会规范，形成特有的价值体系和社会福利事业。每个成员均经由家庭、近邻、社区而融入更大的社区。" 1992年联合国第47次大会通过的《全球解决人口老龄化问题方面的奋斗目标》八项目标中的第三项即为支持以社区为单位，为老年人提供必要的照顾，并组织老年人活动。

社区居家养老服务是指老年人居住在家中，以社区为中心，养老服务由社区为依托的各种社会力量来提供的一种养老模式。它是介于老人家庭照顾和老人社会机构照顾之间的一种运用社区资源开展的老人照顾方式。由正规服务、社区志愿者及社会支持网络为有需要的老人提供帮助和支援，使他们能在其熟悉的社区环境下维持自己的生活，避免不必要的住院或隔离。社区居家养老服务的对象主要是那些日常生活能够自理或部分能够自理的老年人。

社区居家养老服务体系的结构主要包括：（一）老人日间护理中心。主要是为白天缺乏家人照顾的体弱及行动不便的老人提供护理、生活照顾等方面的服务，如膳食、个人卫生、健康护理、护送看病等；（二）老人医疗保健中心。为老人提供送药、体检、心理咨询及疏导、康复护理、健康调查跟踪及养身保健知识教育等方面的服务；（三）老人家务服务中心。到老人家中提供各种家务服务，如做（送）饭、居家清洁、料理家务、帮助购物、维护维修等；（四）应急救援中心。主要是开通24小时老人服务热线，并建立事故预警系统，以便及时发现并紧急处理老人遭遇的各种意外生活事故，有效地进行危机的干预；（五）老人综合性社区服务中心。是集文体、教育、社交与日常生活辅助于一体的服务场所，满足老年人对文体保健、休闲娱乐等方面的需求。

二十世纪八十年代以来，城市社区养老服务得到日益重视，政府先后出台了《关于加快发展社区服务业的意见》和《关于加快实现福利社会化的意见》，财政部、国家税务总局还专门下发了《关于对老年服务机构有关税收政策问题的通知》，民政部门以社区服务为平台，致力于推广社区老年福利服务事业，鼓励社会承担部分养老责任，为社区养老创造了良好的政策环境。目前，我国已经初步形成了一套较为完备的社区居家养老服务运作体系，各地区的街道办事处、居委会在管理、服务方面也已经具备了一套比较系统、规范的管理方法。各地正努力探索社区居家养老模式，已经积累了一些经验。在部分大中城市已初步形成了设施服务、定点服务和上门服务为主要服务形式，以生活照料、医疗保健、心理保健、文化娱乐、参与社会以及权益保护为主要服务内容的社区养老服务格局。

"十二五"期间，我国80%以上退休人员将纳入社区管理服务对象。根据民政部发布的《2013年社会服务发展统计公报》显示，全国各类养老服务机构42 475个，拥有床位493.7万张，比2012年增长18.9%（每千名老年人拥有养老床位24.4张，比2012年增长13.9%），其中社区留宿和日间照料床位64.1万张。2013年年末收留抚养老年人307.4万，比2012年增长5.5%。在城市各个社区建立养老护理服务中心。老人仍然居住在自己的家里，享受服务中心提供的营养和医疗护理以及心理咨询。并由服务中心派出经过训练的养老护理员按约定时间到老人家中为老人提供做饭、清扫、整理房间等家务服务和陪护老人、倾听老人诉说的亲情服务。所以，有人说，社区居家养老是一个无围墙的养老院。开展居家养老服务相对于机构养老，更为适应我国老年人的生活习惯和心理特征、满足老年人的心理需求，有助于他们安度晚年，也更为符合我国实际，符合大城市中心城区发展的社区养老服务的新路子。

居家养老打破传统的仅由子女、亲戚照顾老人或老人自理的固有模式，引入了社区福利服务的新形式。以家庭为依托，以社区化、社会化服务为补充，既满足了老人居家养老的传统观念的需求，又实现了由社区提供帮助以及各种服务，是一种较为适合我国现阶段国情的居家养老模式的新发展。

大连沙河口区民权街道实施的"居家养老院"，是为有需要的老人派遣养护员，定期去老人家里，帮助老人料理衣食住行。护理员由辖区没有工作的下岗女工组成。政府还对照顾费用给以适当的补贴。由于这种居家养老的方式是建立在老人自己家里，让老人生活在自己熟悉的社区，不仅解决了需要护理帮助的老人的生活困难，而且为辖区里的大龄失业女工提供了就业岗位，受到各界好评，经验也迅速推广到全国各地。

另外，大连中山区老虎滩街道实行了"货币化养老"。也是一种养老服务方式，是变换"居家养老院"的一对一的服务方式，变成老人可以自由选择服务的方式。政府把补贴发给老人，让老人从培训好的护理员队伍中选择自己喜欢的养护员为他们提供不同的服务，基本上按小时计算，由街道根据养护员给老人提供的服务时间多少，为他们支付报酬。我们暂且不谈货币化养老一词的使用是否恰当，单就这种有针对性的、有选择性的居家服务来说，不失为一种好的服务方式。这种服务方式尊重了老人的自我选择权。还有许多地方的社区探索多样化居家养老服务的方式，如托老所、给空巢老人送管家和上门配送服务等。社区在推行养老服务方面的作用是，能够利用自身优势，因地制宜地解决本地区的养老需求，并通过探索尝试，成功地再带动和促进政府的政策推行。

三、机构养老及发展现状

机构养老是指由专门的养老机构（包括福利院、养老院、托老所、老年公寓、临终关怀医院等等）将老人集中起来，进行全方位的照顾。正规的养老机构，其日常管理均要严格。机构养老是我国重要的养老模式之一，但不能满足众多其他需求的老年人群需要。以北京为例，北京目前共有养老机构340家左右，其中民办的养老机构约有100家。这些养老机构可以分为三类：国家创办的国营养老机构，乡镇、社区、村、街道办的集体所有养老机构，以及企事业单位或个人所创办的民办养老机构。在这些机构中，进入公立养老院的难度也是人所共知，北京市第一、第四、第五养老院的入住率常年为100%，目前有近2 000多人在排队等候入住，城八区的公立养老院入住率也都在98%左右。而民办养老院的床位已有近12 000张，但平均入住率只有2/3。市民政局相关负责人表示，更多老人趋向于公立养老院，是出于对"国字头"的传统信任感，但在其他城市，状况有所不同，各方面条件优越的养老机构入住率较高。

根据举办主体不同，我国养老机构有三种形式。一是由政府投资举办，在县级以上人民政府机构编制管理部门登记，民政部门进行管理的事业单位性质的养老机构。二是由社会力量举办，在民政部门登记的民办非企业性质的养老机构。三是社会力量兴办，在工商部门登记的企业性质的养老机构。事业单位性质的养老机构和民办非企业单位性质的养老机构通常称为老年人社会福利机构。

机构养老模式也打破了以前只有政府抚养照顾的老人能进养老院的规矩，养老院的大门向所有老人开放，只是入住费用全部由个人负担。另外养老院的投资来源也多种多样，有国办的，有个人办，有集体办的，有街道办的，也有村镇办的。养老院也有各种等级，有星级养老院，也有低标准养老院。有专门面向卧床需要照顾的老人，也有面向健康能够自理的老人的。有面向身患阿尔茨海默症老人的，也有面向高收入人群的老人的。总之，养老院的方式多种多样，经营方式也多种多样。同时，还引入了产业化经营新方式，也发展了许多新的机构养老形式。如最近在沿海、旅游城市悄然兴起的互动式旅游养老，以及小型私人化为主体的"迷你"养老院等，为机构养老的发展注入了新的活力和生机。

第四节 我国养老产业面临的人口背景特点

据统计，2013年年底我国60岁及以上人口为2.02亿，占14.9%，其中65岁及以上人口超过1.3亿，占9.7%。预计2025年，老龄人口年均增速将达3.3%，2020年老年人将约占总人口的18%，2050年占比将超过30%，这意味着每3个人中就有1个老人。

由于计划生育政策形成的"421"家庭结构，届时我国将面临前所未有的养老压力和挑战。解决养老问题，不仅直接关系到占社会1/3比重的人群的和谐稳定，还会影响到家庭，进而关系到整个社会的和谐稳定。

从"民生账"看，发展养老产业能扩大社会就业，而就业是民生之本。"十二五"期间，每年城镇就业人口供给达2 500万，如果按照经济增长8%的速度估算，实际能提供就业岗位1 200万，存在1 300万的就业缺口。养老产业属于典型的劳动密集型产业。

根据国外经验，初步估算，2010年、2020年和2030年，我国养老产业从业人员可能从2 000万人增加到4 000万人和8 000万人左右，提高就业率约2%以上。如果按照老年人口与护理人员3∶1的比例配备，仅此一项就能增加就业1 000万人。因此，发展养老产业有助于提升社会整体就业水平。

据民政部印发的《2013年社会服务发展统计公报》显示，截至2013年年底，我国60岁及以上老年人口20 243万，占总人口的14.9%。其中，65岁及以上人口1.3亿，占总人口的9.7%。与此同期，全国各类养老服务机构42 475个，拥有床位493.7万张，比2012年增长18.9%（每千名老年人拥有养老床位24.4张，比2012年增长13.9%），其中社区留宿和日间照料床位64.1%万张。2013年年末收留抚养老年人307.4万，比2012年增长5.5%。

截至2013年年底，全国共有老龄事业单位2 571个，老年法律援助中心2.1万个，老年维权协调组织7.8万个，老年学校5.4万个、在校学习人员692万，各类老年活动室36万个。从这些数据我们可以归纳出我国老龄化的特点：

一、老年人口基数大

60岁以上老年人口已超过2.02亿，是世界老年人口总量的1/5，是亚洲老年人口的1/2。

二、老年人口增长速度快

到2045年左右,我国60岁以上人口将占到总人口的30%。该过程发达国家用了100年。

三、高龄化趋势明显

目前65岁以上老年人口超过1.3亿,约占全国老年总人口的9.7%,而且每年增加4.7%。人口老龄化已成为我国面临的最重要的民生问题之一。

随着我国老龄化人口规模的快速膨胀,养老问题成为事关公平与稳定的重大社会问题。如不立即着手解决老年人的养老问题,将无法集中高效使用有限的社会优质劳动力资源,直接影响到国民经济的可持续发展,会给政府带来沉重的负担,严重影响社会的发展与进步。

第五节 我国养老产业目前发展的特点

一、养老产业投资来源多元化发展

作为集生产、经营、服务于一体的综合性产业,养老服务业产业链长、涉及领域广。除了老年人的生活照料、护理、康复和医疗之外,还包括老年食品、保健、养生、保险、旅游、文化等诸多行业,发展前景十分广阔。其发展将会加大服务业基础设施改造及建设力度,创造大量的就业机会,并带动老年人消费的增长,这对我国扩大内需、调整产业结构将有巨大促进作用。因此,有专家分析认为,养老服务业必将成为我国新的经济增长点和经济发展转型的支柱产业。不过,要想让养老产业发挥出这样的作用,眼下必须让这个市场的投资主体多元化。

(一)国有产业资本有自身独特优势

早在2006年,国资委就明确要实行国有资本调整和国有企业重组,完善国有资本有进有退、合理流动的机制。2009年,国资委进一步提出,有关部门负责国企非主业宾馆酒店(含宾馆、酒店、饭店、疗养院、度假村、培训中心、会议中心、接待中心等)分离重组的工作,目前这一工作已在逐步推进。

国企大量辅业资产及相关人力资源非常适合发展养老产业。这些隶属国企的非主业医院、宾馆、酒店、培训中心,遍布全国各地,种类繁多,有位居闹市的星级饭店,也有地处僻壤的疗养院、培训中心。据调查,位置偏远、三星级以下的饭店、招待所,二级以下的医院等辅业资产约占非主业医院、宾馆的70%,其中大部分是经营不善甚至资不抵债难以改制的资产,改制分离比较困难。但这部分资产在发展养老服务业方面有一定优势。

某公司是隶属于国资委的一家国企子公司,从2001年开始承担托管困难企业、处置不良资产的工作,他们利用接管中的部分资产兴办养老产业,已经探索出一条成功之路。

2008年,该公司对位于房山区石花洞风景区的北京燕京汽车厂分厂闲置10年的废旧厂房、办公楼、食堂、招待所进行改造,兴办了"颐年山庄"。规划面积15万平方米,设有养老床位1 000张,为入住老人提供生活起居、养生膳食、文化娱乐、医疗保健康复、临终关怀等综合服务,将原来的闲置资产变废为宝,还妥善安置了辅业改制人员。这一模式以养老为龙头,把养生、护理培训、养老产品集中在一起,成为一条完整的产业链,推进了养老事业向养老产业转换的社会化进程。

(二)保险业与养老服务业有着天然联系

2008年12月,国务院在《关于当前金融促进经济发展的若干意见》中首次发出鼓励信号:"推动健康保险发展,支持相关保险机构投资医疗养老实体。"

2010年"两会"期间,来自保险业的政协委员对鼓励保险公司进入养老产业的呼声越发高涨。人寿保险集团公司总裁杨超、合众人寿保险公司董事长戴皓以及人保健康公司监事长刘京生,分别在自己的提案中谈及如何更好地发挥商业保险在资金和技术上的优势,鼓励其投资建设养老社区、设计新型产品和服务。

2009年11月19日,保监会批准了泰康人寿提出的保险行业第一个养老社区投资试点方案。首期试点,泰康人寿将投入40亿元用于北京郊区养老社区的建设,建成后不予出售,而是用于长期经营。计划在未来4年时间内,建成约1.5万张养老床位。泰康人寿董事长陈东升介绍说:"今后我们将以北京养老社区作为全国示范基地,以此为起点,进一步发展全国连锁。基于这一连锁经营策略,泰康人寿将从中高端客户入手,逐步扩展至大众客户,建立起面向社会各层次老人的专业养老社区。"

尽管目前保险业投资养老产业仍然存在一些不确定性,诸如土地如何获取、财税支持如何争取等等,但是,进军的号角既然已经吹响,细则的完善就可以期待了。

(三)养老产业是房地产企业的机遇

对于房地产业来说,投资养老市场是一种新的机遇;对于养老产业来说,来自房地产市场的资本同样是雪中送炭。

自从养老地产市场前景得到房地产行业广泛认可后,已有越来越多的企业开始关注这一领域。我国逐渐进入老龄化社会的现实,催生了地产新商机。社科院财贸所房地产经济研究所的吕风勇博士认为,养老地产是房地产市场中非常具有潜力的一个板块,随着我国人口老龄化的加剧,这个市场的成长会受到刚性需求的支撑,从而得到稳步快速的增长。同时,相比于住宅、商业地产的激烈竞争,稳定性强的养老地产是不错的发展方向。

现在,万科已把发展"健康养老地产"写入了自己的年度发展报告里。在此之前,万科研究健康养老地产物业已有3年到5年的时间。另一大型房地产企业保利集团也在年报中表示要适度拓展养老地产业务，以增加新的盈利增长点。

但是由于受政策、运营模式等制约，目前我国房地产企业对此有实质性动作的还不多。对此业界也有理性的分析。一般认为，传统的房地产大概还有15—20年的时间可以开发，这个阶段买房的主力是70后和80后，但是到了90后成长起来后，很多夫妻双方家里都有房子，他们并不需要买房，需求量也就少了很多。而我国已经进入老龄化的高峰期，养老地产空间巨大。尤其是当我们国家制定了以居家养老为主的政策后，全国将有90%的老人在家养老，因此，养老住宅的开发与建设迫在眉睫。然而，养老地产所需要的金融支持、土地支持、配套政策的支持还不够完善，商业模式也刚刚探索起步，养老建筑的设计尚缺少经验，这些都需要业内共同探讨和呼吁，做一些有益的探索。

（四）民营资本积极参与养老产业的发展

中国大型民营控股企业集团复星集团2014年11月19日宣布将融合麾下的保险、地产、医药三大产业平台，实施大健康战略，进军健康养老产业。

随着中国人口老龄化进程的加快和城镇化建设的深入推进，居民的养老、健康需求日益凸显。复星有着多年积累的健康产业资源和丰富的地产开发运作经验，再加入近年来快速发展的保险产业所提供的安全保障，复星将为提升中国城市的健康服务功能做出更大的贡献。

与传统房企、药企及险资布局养老、健康产业相比，复星所提出的大健康是将保险、地产、医药医疗、养老保健融为一体，意图打造涵盖全产业链的养老航母。

与复星集团类似，由于我国养老健康产业市场前景吸引了许多民营资本参与，目前虽然解决了民营企业进入养老市场的政策方向问题，但无论是在资本规模还是运营体系上，民营企业尚有所欠缺。

（五）外资进军我国各地养老产业

我国百万人口以上的城市中，除上海人口老龄化程度达20%左右以外，北京、广州、天津、沈阳、成都、重庆、武汉等其他大城市的老龄化程度均在10%～13%。而政府投资兴办的养老设施，只能满足全国1%的老年人的需要。

据调查，目前住在各种养老设施中的老年人不足100万人。在全国1.3亿老年人中，只要有3%左右需要社会养老服务，将需要360万张床位。但是目前的养老服务远远没有满足老年人的需要。需求即商机。外资投资养老的机会随着我国老龄化人口和中产阶级数量迅速增加而扩大。据有关媒体报道，法国第四大养老机构高利泽集团（Colisee）与招商地产成立合资公司，在中国开展养老机构及相关服务，其第一个项目设立在广东，同时该公司将借助招商地产的全国布局，在北京、上海进行选址。除此之外，法国养老机构进入国内的企业还有法国第二大退休养老集团奥佩阿（Orpea），2014年3月底与南京市公共服务社区以及鼓楼医院签证了合作协议，2015年上半年将在当地建设拥有180张床位的高端养老康复院，另有两个项目也将在上海和北京启动。法国第三大养老企业的多缪维集团（Domus Vi）2014年6月与中国汉富投资基金签署了成立合资企业的协议，规划未来5年内在中国开设100家养老院和20家居家养老协助机构。法国养老机构已经把竞争的战场从本土搬到了万里之外的中国。

法国养老军团集体莅临之前，日本和美国的养老巨头已经先后在中国展开了运营。日本企业在中国设立项目的有：日本长乐集团和青岛新华锦，接着日本理爱公司和上海协通集团在上海开设了一家养老机构，而日本养老行业的老牌企业木下养老集团也和北京市国有资产经营有限责任公司的全资子公司成立了合资公司，在北京开展机构运营业务。美国养老企业进入国内也有多家公司，其中有Emeritus（上海凯健华展老年护理有限公司），自己在上海运营着两个项目，同时在北京和远洋地产合作运营着亦庄项目。Fortress（上海星堡老年服务有限公司），和上海复星集团在上海宝山合作了一个项目，Merrill Gardens（魅力花园公司）在上海迪斯尼附近展开了第一个项目。

二、我国各地养老基地建设迅速，智能化养老基地的建设将可能引领养老服务方式转变

当前，我国各地养老基地发展迅速。比如，2011年4月12日全国综合养老示范基地落户天水；2011年4月22日江苏省庄泰"娱乐养老"传播推广工程在宁启动；2011年4月27日天津武清牵手我国台湾地区业者打造我国养老示范社区；青海省到"十二五"末，建设3个全国示范性养老基地（老年公寓）、5个示范性社会办养老服务机构支持工程项目、10个老年人养护院、46个县级老年活动中心和336个城乡社区养老服务站，基本实现每千名老人拥有约三十张各类养老床位的建设目标。

随着信息技术发展，根据全国老龄工作委员会2013年出台的《全国智能化养老实验基地建设规范》，力争5年内在全国建设100家"智能化养老实验基地"，探索适应我国国情的智能化养老模式。智能化养老是积极应对人口老龄化的必然选择，智能化养老模式能最大限度地满足老年人的不同需求，提高老年人生活生命质量，实现老年人的全面发展，代表了养老服务事业发展的新方向，体现了时代发展的新要求，智能化养老基地的建设将可能引领养老服务方式的转变。

第六节 我国发展养老产业的作用

一、发展养老服务业，具有扩大就业与改善民生的双重效应

（一）养老服务业是扩大就业空间的重要抓手

就整体而言，江苏就业供大于求的总量矛盾尚未缓解，这是从江苏近年来劳动力供求数据得出的客观判断。在江苏经济社会发展进入由全面小

康社会转向基本现代化的历史阶段，必须实现扩大就业思路的根本性转变。从世界范围看，整个人类社会的劳动就业发展史，就是在生产力不断发展的基础上，随着劳动生产率的提高，传统产业劳动力出现剩余，进而不断扩大和细化社会分工，不断发展新型产业，不断开辟出新的就业空间，最终促进人类的多种需要不断得到满足，促进人类社会不断进步的历史。"十二五"期间，江苏要适应全省经济、社会发展的趋势，注重培育具有长期就业前景的新产业。

现在具有较大规模吸纳就业前景、能够迅速发展起来的新型产业，当首选养老服务业。

日本目前的养老机构，平均1—3名护理人员护理1位老人。我们把各种类型的养老服务综合计算，以1名服务人员服务2位老人的比例计算，如果全省有180万需要服务的老人，那么理论上就可以创造90万个就业机会。不仅如此，专业服务人员对年龄和学历的要求相对较低，和其他产业相比，更适合现阶段江苏劳动力，特别是农村劳动力的素质状况。从投资成本看，居家服务需要的投资很少。养老机构虽有建造购买设施的成本，但也明显低于其他行业，如果实行产业化经营，成本也容易回收。最后，养老服务是标准的"内需"，不受外部环境的影响，只要政策稳定，居民收入增加，经营风险就很小。

（二）养老服务业是推进社会现代化的民生产业

随着人口老龄化的发展，养老服务业的发展已经成为世界性的普遍趋势。在欧美发达国家，养老服务业早已是一个成熟的产业，为养老服务提供诸多政策优惠已经是许多国家普遍实施的社会福利制度和公共政策。

我国人口老龄化的发展，已经十分迫切地提出发展养老服务业的课题。

例如江苏省，该省老年人口基数大，老龄化速度及程度均大于全国其他地区，1982年全省65岁及以上老年人口比重仅高于全国0.6个百分点。2010年这个比重已接近12%，并高出全国3个百分点。

由于计划生育、家庭观念、人口流动、对外开放等多种原因，"亲子分居家庭"、"空巢家庭"、"421家庭"大量出现，家庭养老功能逐渐弱化。为老年人提供生活照料、健康护理、精神慰藉的养老服务已成为涉及众多老年人的普遍需求。以江苏为例，2010年江苏65岁及以上老年人口已经超过900万。即使以五分之一的老人需要养老服务估算，有需要的老人就将达180万。未来老年人数还将持续增加。随着收入水平的提高、养老保险、医疗保险和社会福利的逐步完善，养老服务的潜在需求将日益成为有支付能力的有效需求。

总之，社会各界都已形成共识，老龄化必将成为本世纪影响我国经济社会发展的最严峻的挑战，同时也将提供养老服务产业化的机遇，催生出一个影响我国现代化进程的民生产业。

二、发展养老服务市场的产业带动效应分析

推进养老服务的产业化，需要从政策导向和与之相适应的制度安排着手。

养老服务产业化，就是使居家养老和机构养老等养老服务成为营利性的生产经营活动的过程。在满足社会需求的同时，使养老服务发展成为第三产业的重要组成部分，成为具有规模性的现代服务型产业。

养老服务业只有走产业化的发展道路，才能形成政府、投资者、服务机构、从业人员和老年人多方共赢、健康发展的局面。而一旦养老服务实现大规模产业化的发展，不仅能够有效满足我国未来几十年不断增长的老年服务的需要，有效应对老龄化的挑战，而且将能够有效地扩大内需，形成新的经济增长点，并将可以成为巨大的容纳就业的产业空间。

我国养老服务必须坚持产业化的方向，并不是意味着应当将养老服务完全地市场化。由于养老服务具有社会福利的属性，它的消费对象是收入水平总体偏低的老年群体，因此它的市场化程度和对盈利的追求应当受到

适当的限制和调节，应当把养老服务的产业化和福利化有机结合起来，在养老体系构建中，清晰界定政府的基本保障服务和市场的改善提高服务边界。从这一认识出发，我们结合国情实际，提出以下促进养老服务产业化发展的思路。

（一）国家确立养老服务的"社会福利"属性和实行产业化发展的方针。 国家确认养老服务"盈利性的生产经营活动"的产业地位，通过财政资金投入和实行相对特殊的优惠、扶持政策，使各种非政府的资金投入可以得到回收或合理的利润，使从业人员的收入可以达到社会平均水平，从而鼓励各种非政府资金的大量投入，促进养老服务的大规模发展。在此基础上，使全社会有需要的老年人都能获得符合标准的、专业化的、价格可承受的机构养老服务和居家养老服务，逐步提高老年人的福利水平。

（二）探索建立长期护理保险制度。 老年人服务消费资金来源除了老年人子女的投入、老年人退休金及其财产性收入、针对部分老年人的政府购买服务外，主要应该依靠制度性安排。目前世界上有商业护理保险和社会护理保险两种长期护理保险，前者以美国为代表，后者以德国和日本为代表。根据江苏实际，建议在全国率先建立长期社会护理保险制度。可以先从政府补贴购买商业护理保险开始，逐步过渡到普遍性社会护理保险。

（三）进一步落实农村老人尊老金制度。 对农村老人，建议高龄老人的"尊老金"根据实际情况逐步扩大至70岁以上老人。加大财政投入，让现有高龄老人享受不低于"低保标准"的养老保险金。各级财政可根据当地税收比例，给予适当的养老保障专项转移支付，以减轻基层地方财政的支付压力。

（四）理顺养老管理体制。 随着老龄化进程的不断加快，原来老龄工作作为民政的边缘工作，现在已凸显为前沿工作。现有的老龄管理体制已不太适应老龄化发展形势。建议整合现有老龄管理资源，成立老龄工作局，加强老龄工作的规划、协调、指导，完善老龄工作的监督制约机制，制定养老服务行业的标准，推动老龄工作健康规范发展。

（五）大力建设有利于提高产业化程度的养老机构。根据国家政策和老人的不同情况，现存的养老机构分为三大类：第一类为褒扬性、优待类的疗养院，入住老人为根据国家政策规定享受优待的老干部、老军人和其他人员；第二类为集中供养农村五保老人和城镇"三无"老人的敬老院；第三类为面向其他城乡有需要的老人的养老院。三类机构均由非政府的组织、企业和个人开办，都实行自主经营的管理体制和运行机制。三类养老机构的投资渠道、开办者和收费政策有所区别：疗养院和敬老院由属地政府投资，由非营利组织经营管理，住院老人本人不交费，由机构同政府财政结算；养老院由非营利组织和企业、个人投资，谁投资谁经营，住院老人自己交费，低收入老人由属地政府给予补贴。这种分类管理的模式在过去的历史阶段起到了重要的作用。但是，随着老年人口的增长，为应对养老服务需求日益扩张的趋势，要积极发展第三类养老服务机构，即有利于提高产业化程度的养老院。

（六）居家养老以社区照顾为主，实行产业化经营。居家养老包括全日制住家照顾、小时工、老人日托等多种形式。要积极引导社会投资机构、企业、个人共同投资开办并实行产业化经营。现有的由街道、居委会投资开办的养老服务机构，应当改制为独立的经营性实体并进行产业化经营。国家对居家养老服务实行税费减免政策，必要的用地也由行政划拨。开办者根据建设、管理和运营成本按照国家规定的微利原则制定收费标准，并接受政府部门对服务标准、质量、价格的监管。接受服务的老人自己交费，低收入老人由属地政府给予补贴。

（七）提高养老服务从业人员的职业地位和专业化水平。无论是机构养老服务还是居家养老服务，从业人员都应当享有正规就业者的职业地位和社会平均水平的工资等待遇。医疗、护理等专业人员还可以参加专业技术职称的评定和晋升。另一方面，应当借鉴国外先进经验，发展养老服务专门的职业教育和培训，逐渐实行严格的持证上岗职业准入制度。还要制定严格的服务质量标准和操作规范，加强监管。

（八）探索适合农村特点的居家养老新模式。针对农村老人居住分散的特点，鼓励提倡有条件的地方结合新农村建设，由集体兴建老人集中居住点，配套服务功能，以便集中提供居家养老服务。针对农村居家养老服务资源相对缺乏的现状，建议将农村邻里互助养老服务纳入政府购买或补贴的服务项目中，并将政府购买养老服务经费列入财政预算。

第七章 我国养老产业市场分析

第一节 我国养老服务市场特征

养老服务业是指伴随着人口老年化的出现、老年人需求的提升、养老社会化程度提高而出现的,为老年人提供各类生活照顾和护理服务,以及满足老年人各类特殊生活需求的服务行业。

与传统养老模式相比,养老服务业具有社会化、市场化、产业化、专业化四大特征。

第二节 我国养老市场规模

我国正经历世界历史上规模最大、速度最快的老龄化过程,60岁及以上老年人口已超过2亿。到2020年,老龄人口将达到2.48亿,较当前增长近1亿;到2050年,老龄人口将超过4亿,老龄化水平达到30%以上。

和世界上任何国家一样，我国将以居家养老为主。但是，由于我国家庭规模小型化和"421"结构家庭日益增多，传统意义上的居家养老模式将发生重大变化，必然更加借助于社区服务和专业化的养老服务机构，其中长期照料、精神慰藉、临终关怀等老年护理服务蕴含着巨大的社会需求。当前，抓紧发展老年护理服务对于扩大消费、增加就业具有重要的现实意义，各级政府应加大支持和引导力度。

据民政部统计，全国现有各类养老服务机构4.1万个，总床位217.5万张，平均每千名老人拥有养老床位数14.5张，与发达国家50～70张的平均水平相去甚远，与发展中国家20～30张的平均水平也有不小差距。

如果考虑80岁以上老人大都需要护理的事实，全国约有2 820万老年人有长期照料服务需求。随着老龄化的加剧，其数量将不断增长，预计到2020年这一群体将达4 700万左右，2050年可能高达7 500万。

对老年人入住机构意愿方面的调查也显示，城市地区老年人中愿意入住养老机构的占16.1%，农村地区老年人中愿意入住养老机构的占15.2%。

因此，只要达到一定经济规模，借助合理收费，机构养老服务市场的有效需求是实实在在的。当前仅机构养老和护理服务的潜在市场规模超过700亿元，2010年增加到1 300亿元，2020年将超过5 000亿元。因此，发展老年服务业，培育消费市场，通过购买社会服务等多种形式，引导大量老年人及家庭实现长期照料和护理服务消费，对扩大内需有直接的拉动作用。

从增加就业的角度来看，老年人照料是典型的劳动密集型产业，对专业护士，特别是普通护工有大量需求，适宜大中专护理专业毕业学生、40—50岁的人员和农村妇女就业。例如，日本目前有约110万人从事老年人护理工作，预计在未来5年内还可再吸纳30万～50万人就业。然而，目前国内这一领域的就业潜力却远远没有发掘。调查表明，在居家养老方面，城市中48.5%的老人有各种各样的服务需求，其中家政占25.22%，护理服务的18.04%，精神慰藉占13.79%，法律援助占2.25%。但在服务供给方面，还远没有形成规模。在机构养老方面，根据民政部统计，迄今在全国各类老年福利机构、农村敬老院及其他养老机构就业的人员总共只有17万，与庞大的老龄服务需求极不相称。

根据世强品牌研究中心数据显示，到2050年，我国老年人口总量将超过4亿，且80岁及以上的人口占老年人总人口的比重将达到25%~30%。据推算，2015年仅中国老年人护理服务和生活照料的潜在市场规模将超过4 500亿元，养老服务就业岗位潜在需求将超过500万个，未来中国老年人服务消费市场潜力巨大。随着居民收入持续增长及老龄化程度不断加重，我国养老产业潜力巨大，预计到2015年，我国养老产业规模将接近2万亿元人民币，2020年更可达到4.3万亿元。

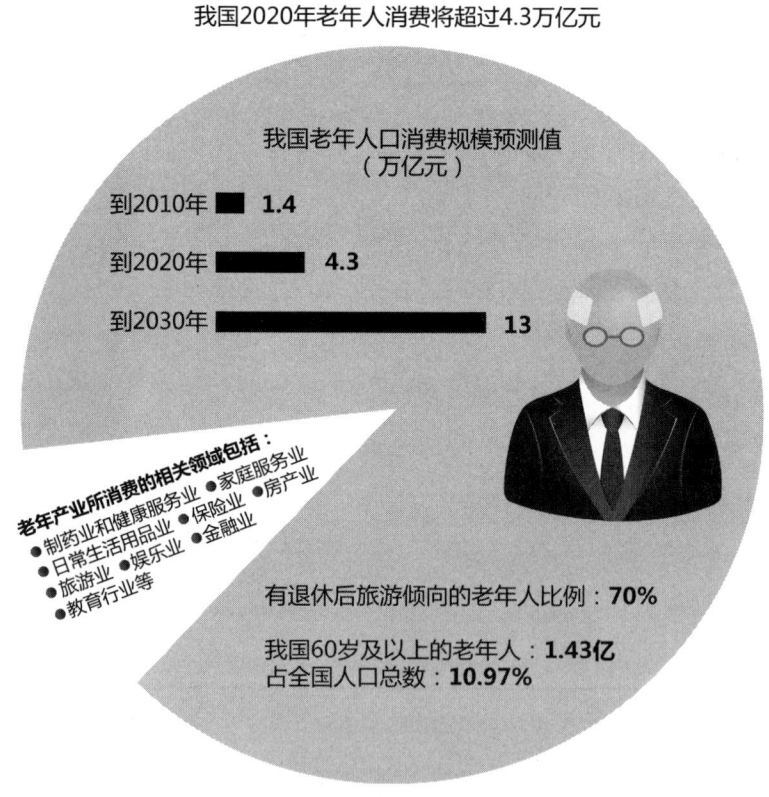

图34 我国老年消费市场

资料来源：建投研究院

第三节 我国养老服务市场发展趋势

一、产品种类逐渐多样化

以往老年商品主要局限于衣、食、住、行方面，但近年来，为老年提供的服务产品种类逐渐多样化，已经涵盖了家庭护理、家庭洗浴、送餐服务、老人搬运、老人用品的租借和销售、老人临时寄养、养老培训、投诉和信息提供、紧急呼叫服务、收费老人院、老人公寓等多个领域。

二、我国老年人消费观念开始发生转变

在我国，老年人节俭的旧形象正在改变，数以百万计的我国退休人员更加接受发达国家或地区的"核心家庭"观念，退休后过属于自己的生活，享受生命的最好时光。这也带动了老年产业的发展。

开发老年产业市场，满足老年人的多种需求是未来经济发展的一个重要方向。虽然我国拥有世界上最大的老年市场，但与发达国家相比，老年产业处于起步阶段，老年人专用产品和服务开发不够。如果国内企业不积极参与投资，我国的老年产品市场只能拱手让给国外的实力资本去开发。

目前政府已经认识到这一点，开始出台一些政策，积极为企业投资老年产业创造良好的环境。

财政部、国家税务总局曾联合下发一个对老年服务机构税收政策问题的通知。其中提到，对政府部门以及企事业单位、社会团体及个人等社会力量投资兴办的福利性、非营利性的老年服务机构，暂免征收企业所得税，以及老年服务机构自用房产、土地、车船的房产税、城镇土地使用

税、车船使用税等一系列优惠政策。

第四节 我国养老产业和市场存在的问题

一、思想观念的陈旧

首先，由于人口老龄化挑战的相对隐蔽性，地方政府特别是经济相对欠发达地区的政府，对人口老龄化的形势认识不充分，重视程度不够。在对待发展养老服务的问题上采取"等、靠、要"的态度，简单地把养老看成是国家的事，单纯地依赖国家发展养老服务，缺乏主动性。其次，对养老服务的发展规律认识不到位，不能从长远的角度来分析和把握其市场大、潜力足、风险小、收益稳的优势。此外，受我国传统文化的影响，老年人多数不愿入住养老机构，导致社会投入养老服务业的积极性不高，养老服务市场培育与发展严重滞后。

二、政策法规的缺失

近年来，国家有关部门和各地政府先后制定出台了发展养老服务的政策法规，养老服务得到了一定程度的发展，但仍然存在政策法规原则性太强、体系性较差、落实难度大以及经费投入不足、指导不力等问题。特别是目前国家在支持鼓励发展民办养老服务机构方面的优惠政策较少，支持力度不大，财政支持力度十分有限，尤其是到市、县层次落实更加困难。有些地方政策只有定性的要求，没有定量的措施，在财政资助等关键问题上很难操作，对不执行政策的部门和单位没有强有力的制约手段，养老服务体系建设滞后于经济社会发展水平。

三、管理体制的滞后

由于重视程度不够以及养老服务政策和制度的不完善，政府在监督管理、政策实施等方面存在的缺陷，已成为发展养老服务的瓶颈。由于政府职能部门条块分割，相关涉老职能部门没有统一规划和协调一致的管理机制，使有限的养老服务资源一方面筹措困难，而另一方面却得不到充分利用。一些地方或部门还存在不按国家政策办事、不公平对待民办养老服务机构的行为，如用地按商业拍卖价购买、水电按企业收取、贷款不能优惠、税费不能减免，给养老福利服务发展带来很大的困难。

四、发展机制的不健全

总体上看，我国养老服务缺乏良性的市场运行机制和行业管理机制，提供养老服务的运作方式和养老服务行业内部管理的一系列制度和规定存在着不合理性，主要表现在：公办养老机构有政府在资金和政策的扶持，民办养老机构很难与之竞争，缺乏公平性；对民办养老服务机构性质定位不准，政府把对老年人的福利服务保障责任与民间资本实现盈利的目的捆绑在一起，不严格按照市场经济规律运作，影响民间投入的积极性；没有规范的行业管理机制，养老服务市场还处于一种盲目、无序的发展状态。许多养老服务机构管理随意性较大，标准化程度不高，特别是农村敬老院基本上是一种原始的粗放型管理。

五、养老服务过度市场化运行，将养老产业等同于养老服务的全部

"产业化"的概念是从"产业"的概念发展而来的，所谓产业，本来意义是指国民经济的各种生产部门，有时也专指工业。后来随着"三次产

业"的划分和第三产业的兴起,推而广之,泛指各种制造提供物质产品、流通手段、服务劳动等等的企业或组织。产业这个概念是属居于微观经济的细胞与宏观经济的单位之间的一个集合概念,它是具有某种同一属性的企业或组织的集合,又是国民经济以某一标准划分的部分的总和。而所谓"化",实际上指要形成社会普遍承认的规模程度、通行法则,在全社会范围内达到通变,彻头彻尾地从质的规定性上达到提倡的目标。产业化即是指要使具有同一属性的企业或组织集合成社会承认的规模程度,以完成从量的集合到质的激变,真正成为国民经济中以某一标准划分的重要组成部分。然而在老年产业化的实践过程中出现了片面和绝对市场化,即以盈利为唯一目标的倾向,将使过去那种福利性和公益性的养老事业不复存在。其实,即使在那些市场经济国家,养老不但没有完全推向市场,而且也不都是以赚钱或获利为目的。例如,美国的养老业就分为盈利性的和非营利性的两类,前者大多为私人公司所办,后者主要由教会兴办,政府则给予部分补贴。在推进市场化改革的进程中,有的国家对一些非营利性的养老事业开始引入市场化运作模式,以提高资源配置的效率和效益,但这同真正意义上的市场经济还是有区别的。其根本区别就在于这种模式不是以牟利为目标,其经营所获利润也不得以任何借口分配给任何个人,从本质上讲这种市场机制的引入不是标准的市场经济,而是准市场经济。这就需要政府的干预,需要对包括老年人口在内的社会弱势群体给以必要的扶助,从而实现社会公平和公正。因此,随着市场经济体制改革的深化和完善,养老业在我国仍会具有它的公益性质,不可能完全走向市场化或产业化。这也是作者将养老产业置于养老体系健全完善的语境下的本意。

六、追求养老投资高回报和投资回收短期化

养老不但不可能完全市场化或产业化,而且养老产业也并不是能够实

现快速和大幅盈利的产业。老年人口不仅在我国，即使在一些发达国家也是贫困率较高的群体。与发达国家不同的是，我国又是在工业化任务尚未完成就已经进入老龄化社会，一方面是"未富先老"，另一方面又面对着历史欠账形成的转轨成本。无论农村老人，还是城市的退休职工，大多数都属于支付能力相对不高甚至十分有限的消费者群体。所以，养老产业就最广泛的老年人群很难有太高的获利空间。

七、养老市场地产化倾向

目前国内养老产业发展中，涉及养老产业的企业，着眼点多是集中在老年居住环境这一个点上，导致养老地产受到业内大力追捧，也造成了部分企业与社会民众对养老产业和养老地产概念的误导和混淆。

养老产业的发展是一个全社会参与的过程。我们可以把养老地产看成一种"泛产业地产"。众所周知，产业地产是在工业地产的基础上发展起来的，是以政策为基础，以金融为依托，以地产为载体，通过产业集群、产业链构建，来实现区域经济发展的一种综合型房地产开发形态，是一种以产业为支撑的"产业公园模式"+"产业综合体模式"的复合体。在这一模式与形态下，养老地产会成为养老产业链中的关键平台，成为一个重要的介入点，只有养老地产这一平台搭建后，才能贯穿整个产业链条。

另外，养老地产前期投入资金量大、回报周期较长、功能规划复杂、产业相关要素多，而且众多要素需要在养老地产这个关键平台上进行整合，所以养老地产的开发需要强大的资本实力和资源整合能力。

首先要明确的是，养老事业是带有公益性质的事业，但投身养老行业的企业，其良性发展必定需要商业化运作，只有适合的商业模式才能保证市场良性有序地发展。

一是大型险企。大型险企具备雄厚的资金实力，不追求短期投资回报，且险企可以围绕寿险产业链设计产品组合，形成一套独有的商业模式。这是其他类型公司无法竞争的核心优势。但缺乏地产开发经验是多数险企的一大劣势，即使旗下有房地产开发公司，其品牌价值和品质管控能力也远不及专业房地产开发公司。

二是品牌房企。品牌房企凭借多年的房地产开发经验和品牌价值，对产品硬件环境的营造能力基本不成问题，但房地产行业属于资金密集型行业，对现金流和资金沉淀相对敏感。所以稳定的资金来源和回报周期是房企涉足养老地产的瓶颈。另外，多数品牌房企都配有自有品牌的物业管理公司，所以服务品质基本可以得到保障。但在运营初期，会在养老服务的专业性方面有所欠缺，需要在实践中调整完善。

三是医疗集团。作者认为，医疗资源不仅是养老地产所需要的核心资源，也是养老服务的核心资源，医疗卫生机构的核心竞争力毋庸置疑，但医疗卫生机构在养老地产的产品设计、环境营造和硬件开发能力上远不及专业房企，资金实力又不及险企或投行，因此很多医疗卫生机构设立健康产业或医疗集团，将自有资源与社区老年公寓资源打通，可形成医养结合的小规模养老地产。

四是专业化投资公司。投资公司的优势在于强大的资金实力、资本运作能力和灵活的资源整合能力，可以在养老地产开发中统领产业布局，通过整合多方优质资源，形成优质资源的集合效应，并通过各资源间的传导，带来联动的发酵效应，将养老地产这个平台的效能发挥到最大。但投资公司往往更重视资本，产业专业性不强，所以需要培育养老产业专业化投资公司。

总体而言，基于国家政策红利窗口期，目前全国养老地产发展势头迅猛，但产业链中单一环节的过快发展会造成养老地产与养老产业整体发展的脱节。所以现阶段养老地产的发展，就遇到了医疗资源不到位、服务体系不配套、各类专业人才短缺等瓶颈。因此，养老地产的发展必须回到养老产业链的层面来考量，通过养老地产的发展带动产业链中配套产业的发展，从而反作用于养老地产的发展，为其提供完整的支撑。在整条产业链中，相互作用，相互促进，滚动发展。

第五节 我国养老市场健康发展的建议

一、养老产业应走社会化的道路

目前，社会参与养老产业已是绕不开的门槛。主要包括：

（一）服务主体社会化，即服务机构、服务设施的社会化；

（二）服务客体社会化，也就是服务对象既突出重点又要面向社会全体老年人，增大服务的受益面；

（三）资金筹措社会化。改革资金来源的单一渠道，多渠道筹措资金，采取财政拨款、社会集资、有奖募捐、各方捐助、街道和居委会出资等方式解决养老助老服务资金问题；

（四）服务队伍社会化。建立一支由专职人员、兼职人员和志愿者组成的服务队伍。以专职人员为主体，兼职人员为辅助，青年志愿者为基础，形成庞大的服务队伍；充分动员公众和年轻型的老年人参与自愿助老服务；增强老年人的自助能力和代际间的互助意识。

二、养老产业应走专业化发展道路

养老产业是一项长期的具有丰富内涵的工作，要把它作为一个专业来研究和发展，实行劳动准入制度，提高专业工作者队伍的质量和服务水平。通过以上专业化措施，为养老产业的发展提供最基本的人才保障。

三、我国养老产业发展的政府扶持

人口老龄化是挑战也是机遇,是一场政府、社会、全民支持,三位一体的新养老运动、新社会运动,这就需要社会共同努力,克服现有养老模式的不足,顺应社会需求,探索出多种满足老年人基本需求与深层次需求的养老模式,创造出多个"以人为本、终生关怀"的亲情养老模式,多个更适合我国国情的养老模式。

第八章 我国养老产业投资机遇分析

第一节 我国养老产业行业投资概况

一、养老产业行业投资特性

（一）产业资本回收期长

养老产业是个综合性产业，产业链很长，覆盖面积广。仅以养老产业的前端——养老地产为例，从目前全球养老地产发展模式来看，大致分为欧洲以政府主导的社会福利型、美国的市场化开发型以及日本以政府+开发商合作开发模式。目前我国养老地产并没有探索出成熟的盈利模式，当前养老地产公司的收费模式五花八门，比如产权制、会员制、抵押制、租金制、月费制等，无论哪种模式都需要房地产企业有充足的资金链，据测算，一个养老地产项目的资金回收期可能长达30年。

（二）资本回报率低

由于这些投资特性，使养老产业不能很好地吸引追求短期高回报的社会资金，并最终因资金不足而发展滞后，因此，充足的资金是企业持续发展的重要血液。

二、养老产业具有良好的投资价值

养老产业具有良好的投资价值,一是市场绝对规模大,二是随着我国老龄化加速,市场增长快。同时养老产业具有产业链长、涉及领域广、环境友好、健康可持续等特点,涉及看护护理、医疗康复、金融、旅游、文化等20多个行业,投资范围较广。

三、养老产业投资环境利好

从社会发展角度看,发展养老产业能促进社会和谐稳定。据统计,2013年年底60岁及以上人口为2.02亿,占14.9%,其中65岁及以上人口为1.31亿,占9.7%。由于计划生育政策形成的"421"家庭结构,届时我国将面临前所未有的养老压力和挑战。解决养老问题,不仅直接关系到占社会1/3比重人群的和谐稳定,还会影响到家庭,进而关系到整个社会的和谐稳定。

"十二五"期间,每年城镇就业人口供给达2 500万,如果按照经济增长8%的速度估算,实际能提供就业岗位1 200万,存在1 300万的就业缺口。而老龄人口的快速增长将催生大量的就业机会,从2010年到2030年,我国养老产业从业人员将从2 000万人激增到7 800万人,提高就业率约2%以上。如果按老年人口与护理人员的3比1的比例配备,仅此一项就能增加就业1 000多万人。养老产业属于典型的劳动密集型产业。

基于上述考虑,政府正积极出台相关政策扶持行业发展,行业面临的政策环境越来越好。

第二节 养老产业的投资逻辑

中国老龄化日益严峻，2015年老年人将达2.21亿，2050年上升至总人口的1/3。国家也密集发布体系建设、服务标准化、养老保险制度改革等一系列政策，需求增加与政策送暖使养老成为朝阳产业。但同时中国养老机构盈利模式并不清晰，宏观愿景与微观现实明显脱节。

1975年起步的美国养老产业目前仍是朝阳产业，形成了以居家养老、养老社区和专业护理机构为主的三大领域。居家养老采用轻资产扩张，以Home-Instead（代替家庭）为主的加盟模式毛利率高达40%；养老地产形成地产开发商、专业运营商、REITs（房地产信托投资基金）投资为主的产业链，强调资产长期持有，入住率高；专业护理机构提供高等级的康复护理服务，在前两种养老方式和医疗卫生机构中间形成重要补充。

养老在日本是支柱性产业，1963年至今，政府不断完善养老福利政策。上门照料、社区日间照料与机构养老服务互为补充，特别重视预防性护理服务，大数据分析管理和金融保险（放心保）产品创新开发成为重要前沿领域。

养老问题日益成为社会关心的焦点。自2013年9月国务院发布《国务院关于加快发展养老服务业的若干意见》以来，各部委又连续出台了多项相关政策，养老机构规划、养老金并轨等提上议事日程，在全国"两会"期间更成为热议话题。中国步入老龄化社会面临着快速老龄化、未富先老、城乡差距大、养老需求大等特征，养老产业将进入高速发展期。但同时中国的养老经营还处于摸索阶段，经营者与投资者最为关注的盈利模式并不清晰。

找到中国养老经营模式的痛点并深入挖掘经营模式是目前急需解决的

问题，结合中国的实际情况、深入分析发达国家的成熟养老机制或能带来启发，并寻求未来养老行业的投资机会。

一、中国养老产业的困境与出路

中国人口老龄化程度日益严重，老年人对养老需求不断增加；政府也从多个层面出台养老政策，积极应对老龄社会的到来，可以说养老是目前中国最大的朝阳产业之一。但从企业层面来看，目前经营养老事业的企业盈利点并不明确，有的甚至长期亏损，宏观愿景与微观现实明显脱节。

（一）中国养老需求日益加大

中国养老需求持续增加。据2010年第六次全国人口普查显示，全国65岁以上人口比重为8.87%，2012年老年抚养比达20.66%。按照每年860万人的速度增加，到2050年老年人口将到达4.5亿，占全体人口的1/3。

据联合国预测，1990—2020年中国老龄化平均速度为3.3%，老年人口占比将从6.1%上升到11.5%。如按65岁以上人口比从7%上升到14%所要的时间为27年来计算，中国将会与目前老龄化最快的日本相接近。

（二）政策大力支持养老产业发展

鉴于中国老龄化程度的急迫性，国家也加快了相关政策的制定。养老服务体系建设、公办养老机构改革、加强养老服务标准化、统一养老保险制度等，自2013年下半年以来密集发布，养老金并轨也呼之欲出。梳理一系列意见和政策可以发现，政府对养老的规划可依循以下几条脉络进行把握：中国养老以居家为基础、社区为依托、机构为支撑；推行公办养老机构公建民营试点，采用运营补贴、购买服务等方式；落实养老机构人均用地不低于0.1平方米的标准，建造日间照料中心、老年人活动中心等服务机构；加强养老服务标准化。这些政策的出台都将规范养老市场发展，对养老产业形成正面支持。

此外，地方政府也积极出台养老政策，多省份鼓励养老机构发展。各地政府报告显示，正在制定新建社区养老中心（江苏）、新建街道乡镇养老照料中心（北京）、新建城乡社区居家养老服务照料中心（浙江）等规划，地方政府筹建社区养老机构的积极性大幅提升。

（三）养老院的尴尬

虽然社会对养老需求不断增加，各级政策频频送暖，但养老院经营却是另一番景象。据媒体报道，中国养老院经营情况并不尽如人意，多数民营养老院一直处于亏损状况，主要原因有以下几点：地方优惠政策、财政补贴等没有到位；地价租金、护理人员等成本高；专业水平低导致服务无法满足需求；价格定位不准确致使空置率高；多数养老院不能配套医疗设施；服务手段有限。这些信息说明中国养老产业的发展处于刚刚起步阶段，如何实现盈利还有一段很长的路要走。但随着政策的积极支持、需求增长的拉动，养老产业越来越受重视。以地产、保险为主的企业纷纷进入这一领域，可以说金融、实业资本大规模投资养老产业的步伐已经启动。

二、美国老龄社会现状与养老制度

中国的养老产业刚刚起步，而美国早在1975年就已开始，目前已经发展了将近40年。美国养老体制的成熟在于其在需求端和供给端都已形成相对成熟以及规范的模式。在需求端，美国形成了"三支柱"的退休养老金体系，包括政府主导的社会保障金、雇主主导的企业退休金以及个人主导的退休储蓄账户，保证了退休老人可以获得足够的养老收入来安度晚年；在供给端，美国养老护理行业形成了以居家养老、养老社区（类似于中国的养老地产）和专业护理机构在内的三大细分领域，在每个细分领域里面都有经营有道、业绩亮眼的上市公司。

（一）婴儿潮一代加速了美国老龄化进程

2011年据美国人口普查办公室统计，美国人口为3.08亿，其中65岁及65岁以上老年人约有3 800万，占总人口12%以上，现在的美国老人已经住在养老社区或者即将入住。

"婴儿潮"这个词主要是指美国"二战"后的"4664"现象，在2030年前，随着最后一名"婴儿潮"出生者踏入65岁，65岁以上的老人占美国人比重将增长至19%。婴儿潮一代强调积极健康的生活方式，过去几年他们已经对养老社区发展带来巨大影响，未来美国养老社区发展的根源是美国1940年代的人口出生潮。

（二）美国老年人养老观念

美国大部分老年人自己住，超过一半的老年人会选择住在子女附近。由于美国人从小就培养子女独立生活，成年以后不再依赖父母生活，老年人也不会依靠子女养老。"老有所养"是老年人晚年都期望的目标之一，美国老年人也是如此，一般美国老年人在身体健康时都会自己照顾自己，在有生活困难的情况下会选择专业的养老机构。养老由政府、社会和个人等多方面共同承担。

（三）美国老年人的养老保险制度

1. 美国退休养老金——"三支柱体系"

在美国法定退休年龄男女都是65岁（1936年以后出生的法定退休年龄是67岁），没有任何法律规定成年子女必须赡养其父母，因此不可能养儿防老。实际上是由社会、工作单位，再加上个人平时的各种储蓄形成"三支柱"的全方位的养老保障体系。

2. 美国医疗保障体系

美国的医疗保险分为社会保险和私人医疗保险两种，美国政府在医疗保险领域发挥着重大作用，建立了两类主要医疗保险项目。首先是面对老年人的医疗保障保险，其次是面对低收入者的医疗补助保险。

3. 美国养老护理行业的规模与细分领域

基于美国老年人存在的长期慢性疾病问题，美国是通过"长期照料体系"来应对的。总的来说，美国的长期照料服务按提供场所来说分为三类：居家养老、养老社区、专业护理机构。三种长期照料服务机构看护的程度从弱到强、人力付出从少到多、费用从少到多，美国养老市场的差异化定价有助于养老机构取得更多的收入，同时老年人也可以根据自己的实际需要来选择适合自己的养老场所。

（1）居家养老

在美国，居家养老主要分为两种方式：生活照料型居家护理和医疗保健型居家护理。医疗保健型居家护理的对象主要是刚刚从医疗卫生机构或者专业护理机构康复回到家中的老人，只有持有执照的专业护理人员才能进行医疗保健型居家护理；居家养老中另一个很重要的部分是由护工提供的生活照料型居家看护，主要包括洗澡、吃饭、清扫房间等这些日常性的事务。正是有了生活照料型居家看护，才使得老人们可以完成在家养老的心愿。

居家养老主要是为了节约费用，由于住在自己家中，对比在医疗卫生机构或者专业的养老社区节省了房租，只需付所需服务的费用。从医疗卫生机构返回家中的病人通过医疗保健型居家养老节省了高额的住院费用，在家进行生活照料型居家养老的老人节省了住在专业养老社区的费用。

（2）机构养老

居家养老的好处在于可以让老人在一个熟悉的环境中进行养老，且适当地减少相应的费用。然而作为另外一些中产阶级的老人，他们愿意走出家门，与其他养老老人一起共同生活，养老机构则是服务于这些老人的养老场所。

由于居家养老服务公司自己不持有物业，相对属于轻资产经营。养老机构因为需要老人入住，所以整体采用的是地产+服务模式。因为牵扯到地产，所以养老机构的投资、开发、运营要比居家养老服务公司复杂得多。养老社区的投资商主要有三类：REITs、私募基金和非营利组织。其中REITs作为上市公司更关注租金收益的稳定性，强调资产的长期持有；而私募基金则主要面向机构投资人，更关注资产升值的收益，强调物业资产的低买高卖；至于非营利组织，主要利用捐赠资金和政府补贴为低收入群体提供机构养老。但无论是哪种投资商，在持有物业期间，都以净出租或委托经营的方式将物业交由专业运营商管理。在净出租方式下投资商获得稳定的租金回报，运营商独立支付所有运营费、维修费、保险费、税费等，运营商获取剩余收益的同时承担经营风险。而在委托经营方式下，运营商收取固定比例的管理费，投资商获取剩余收益并承担大部分经营风险。有时投资商也会与运营商共同发起地产基金来收购并持有养老社区，运营商在基金内占有少数份额并负责运营管理，而投资商则按出资比例承担大部分经营风险。

如今在美国前十大养老机构拥有者中，REITs和私募基金占绝对主流位置，在未来他们的资金成本优势将进一步显现，其持有物业的比例也将进一步提升。总之，开发商、投资商、运营商的角色分离构成了一个完整的养老地产金融生态，在美国，这一生态链条的核心环节是REITs投资商。

（3）专业护理机构

专业护理机构提供比养老机构更高一级的护理服务，相比而言，入住专业护理机构的老人一般身体机能较差，需要持续的看护与医疗服务。

美国医保计划报销体制的设计就是鼓励病人尽量减少住院的时间，因为美国医疗成本极高，病人如果长期占用医疗资源，将给美国医保基金造成极大的负担。因此，美国的老人一般很少住院治疗超过60天（按照医保规定，住院超过60天后病人需要每天支付275美元的住院费和医疗费）。60天以内的住院医疗一般可以缓解病人急性疾病的治愈，但是老人在出院后仍然需要长时间的慢性医疗护理，于是康复护理养老机构便应运而生。不同于养老社区的收入主要以个人支付为主，康复护理养老机构的收入中很多是病人靠医疗保障支付的。

（4）美国养老发展对中国的借鉴

美国作为养老社区发展的先锋，其在发展过程中总结的大量经验值得中国借鉴：

——美国养老地产拥有完整的金融生态体系，由开发商、投资商、运营商共同构建。三方各司其职，每一个参与者都可以得到风险和收益的较好匹配。相比美国，中国养老地产虽然汇聚了地产商、保险公司和其他民营企业，但各自定位模糊，更谈不上彼此的分工合作，结果就是在养老地产的投资、开发、运营三个阶段都能看到开发商的身影，开发商扮演的角色过于复杂。

——美国养老地产拥有成熟的医疗护理服务配套体系，在养老机构或是专业护理机构中都有专业医师、康复治疗师、长期照护护士等专业养老护理团队对老年人的身体健康进行长期持续的检测。相比而言，中国的养老地产在配套医疗护理服务方面还刚刚起步，缺乏专业的医护人员，致使养老地产区别于一般养老公寓的服务性质没有显现出来。

三、日本老龄社会现状与养老制度

与美国相似，日本的养老制度与产业发展也非常成熟。日本受中国儒家文化影响，具有悠久的家庭养老传统，"孝顺"这一价值观贯穿始终。但随着老龄化程度加深，日本家庭养老开始向家庭、社会并存的必要方向转变。不过日本养老仍以居家养老为主，强调"公助、互助和自助"。

（一）日本老龄化问题严重

老龄社会一直以来困扰着日本社会的发展。1950年65岁以上老年人口占总人口比例不到5%，1970年就已超过了7%，达到联合国老龄化社会的标准。1994年超过14%，之后持续上升，2012年达到了24.1%，老龄人口比例全球最高。

据日本人口问题研究所推算，代表日本生育高峰时期的"团块世代"（1947—1949年出生）65岁以上人口将在2015年达到3 395万，约占总人口的1/3，2042年更是达到3 878万，此后逐步减少。从65岁以上老龄人口与15—64岁人口比例（老年抚养比）来看，1950年12.1人抚养1位老年人，2012年是2.6人抚养1位老年人。随着老龄化程度的加深，2060年只能是1.3人抚养1位老年人，老年人对养老护理需求日益迫切。

（二）日本养老法律与保险制度的内容

1. 日本的养老法律

日本是世界上较早出台法律法规应对老龄化社会的国家，通过多项立法和政策制定日本社会的养老体系逐步成熟。

1963年公布的《老人福祉法》可以看作战后日本老人福利政策的起点；1973年日本通过法律确立了老年人免费医疗的制度；1982年日本终于颁布了《老人保健法》；1989年日本颁布了《高龄者保健福祉推进10年战略》，又称为《黄金计划》；1994年日本根据实际情况对《黄金计划》进行了修正和完善，并制定了《新高龄者保健福祉推进10年战略》，又称为《新黄金计划》；1996年日本政府开始考虑创设养老保险制度，并于1997年通过了养老保险法，这可以看成日本养老保险制度的准备阶段；2000年正式实施养老保险制度；2002年日本推出了《二十一世纪高龄者保健福祉推进战略》，又称为《二十一世纪黄金计划》。

2. 日本的养老保险制度

2000年实施养老保险制度的背景主要有两方面：随着老龄化社会发展，需要被照顾的老年人不断增加，被照顾时间日益延长，对养老服务的需求逐渐增加。同时子女的独立生活、老人家庭的增加打破了原来家庭内互相照顾的平衡。这些问题的产生使得日本不得不引进养老保险制度，通过整个社会力量来提供养老服务。其主要特点是：支持自立——以帮助老人自立为理念，不仅仅是照顾老人的日常生活；以人为本——根据使用人的不同选择和需求，提供综合的医疗、养老服务；社会保险——采用缴纳、享受这一明确的社会保险体制。

日本的养老保险体系主要由国民年金、厚生年金和共济年金组成。国民年金是日本养老制度的基础，日本法律规定，凡是在法定年龄段的国民均须加入国民年金；厚生年金和共济年金与收入挂钩，偏向大中型企业职员与公务员。以上这些养老保险称为公共养老保险，由政府统一运营。除此以外，还有不同类型的企业年金和个人商业养老保险，这些私人养老保险是公共养老金的有力补充。公共养老保险有着强制性、全覆盖的特点，是日本社会保障体制的基石，占养老体系的主导地位。

3. 日本养老产业的发展与经营

（1）日本养老产业的定位

日本养老事业不仅与日本老龄化社会发展息息相关，而且也催生了以养老为主产业群的发展，日本政府也把养老产业定位为重点发展的支柱性行业。日本养老产业是一项盈利性事业，主要包括医疗产业、养老护理产业和生活产业三个方面，其中养老护理行业是核心产业。

（2）日本养老护理行业的规模与发展

日本养老市场非常庞大且增速高，仅从养老保险费用来看，2011年就已超过8万亿日元，至2025年将超过24万亿日元，2025年的规模将是2007年的3.4倍，增速超过医疗支出，养老市场的增长空间非常巨大。

日本养老上市公司的年报也为养老市场需求量大提供了佐证。日本最大的7家上市公司年报显示，2009—2011年年间总销售收入增速保持在15%以上的水平，远高于政府养老5.7%的费用支出。

除了政府支付的养老（保险）费用外，很多老年人还自费购买了养老保险以外的服务，这些服务的提供方是以民营企业为主的盈利性公司（包括上市公司）。可以说自费需求的增加为日本养老企业打开了增长空间，但目前仍然以养老保险服务为主。

居家养老服务是日本养老服务的重要特色之一，不仅能方便老年人的日常生活，也为社会提供了大量的就业需求。2013年数据显示，提供上门服务的机构为30 431家，日间照料服务为36 317家，居家养老支持为35 992家，这些机构为老人提供了各种服务。而越来越多的盈利性企业也参与到了这一细分领域，其中盈利性企业开设的日间照料服务比例快速上升，逐步接近上门服务的水平。日本养老机构逐步从上门向入住服务转变,让更多轻度需要护理老人得到更多的服务。

(3)日本养老发展对中国的借鉴

日本养老体系更多地体现了制度创新的与时俱进、服务内容与手段多样化,具有较全的产品种类。同时养老产业不仅对就业、消费有直接的拉动效应,还对新产品开发、大数据应用,甚至新的保险产品设计都有巨大的推动作用。对于中国来说,贴近老人的服务是可以重点参考的。

四、中国养老产业的难点

综合比较美国、日本的养老政策与模式,中国目前的养老产业还处于起步阶段,从政策设计到服务内容、运营模式都有很多可以完善的地方,这也决定了中国养老产业的增长空间巨大。需求远大于供给,一旦找到满足细分需求的痛点,不仅可以解决社会与民生问题,还意味着企业盈利模式的确立。

(一)养老产业发展潜力大

根据人社部数据显示,2011年全国离退休人员月人均养老金为每月1 531元。按照目前全国离退休人员人数7400万计算,一年离退休金就达13 595亿元(不包括医疗费及其他),按50%消费计算就是6 797.5亿元。社会上不拿退休金的老人和农村老人还有约1.2亿,按居民最低消费额2 000元计算,消费额也将达2 400亿元。两者相加,城乡共计最低消费额超过9 000亿元。

预计到2020年,退休金将增加到28 000亿元,2030年为73 000亿元。有相当一部分老年人退休以后又重新开始工作,我国城市60—65岁的老年人口中约有45%的人还在工作,他们除了退休金之外还有一部分收入;一部分老年人或多或少从子女那里得到了一部分赡养费;一部分老年人拥有储蓄;还有一部分老年人自己拥有房产,能够以房养老。随着我国经济的发展,老年人的收入将呈现不断增长趋势,老年人收入的不断提高为养老产业的发展开辟了广阔空间。同时，大部分老人对现在的老年消费品不满意，老龄市场产业链上的多种需求未能得到满足，巨大潜力尚待挖掘，中国养老产业发展潜力巨大。

（二）老年人购买养老服务需求

1. 医疗保健服务

老年人是各种疾病的多发人群，年龄与其对医疗保险服务的需求程度显著相关。根据中国老龄科研中心承担的科技部国家软科学研究计划项目"促进老龄产业发展的机制和政策研究总报告"分析，2000—2050年中国老年人需要上门护理服务的人数将不断上升，2020年达4 033.3万，2030年达到5 896.9万，到2050年超过7 600万。

2. 家政服务

根据全国老龄委公布的数据，目前我国城市老年人空巢家庭（包括独居）的比例已达49.7%。大中城市的老年人空巢家庭（包括独居）比例更高，达到56.1%。如果5%的空巢老人需要家政服务，则最低的家政需求岗位也超过500万个。

3. 文化与教育服务

养老产业发展的趋势要求市场不仅要向老年人提供衣食住行医等方面的服务，还应当发展符合老年人需求特点的文化娱乐服务，增加他们参与社会的机会，让他们老有所乐、老有所为。在目前针对老年人的娱乐场所十分有限的条件下，尽管单次服务利润较低，但由于需求量大，类似老年俱乐部的服务项目有着非常大的市场开发潜力。另外，在教育方面，随着人们寿命延长、知识体系日益更新，越来越多的老年人希望学习新的知识和技能，市场可以推出一些专业、组织性强的类似老年大学的服务项目，也可以在老年俱乐部中开设一些培训班。

（三）现有主要养老地产模式

相比需求而言，现有机构提供的养老服务相对比较单一，大规模的还是以养老地产为主，投资主体多为地产、保险类企业。地产与保险机构正开始在各地进行试点开发，与成熟机构合作运营，这与美国的开发—运营—管理有相同之处。但不尽如人意之处也较为明显：对于开发商来说租金回报率低，租金制的回报率甚至低于无风险收益。同时，养老住宅相对偏僻且入住费用较贵，这导致有预购需求的人群无法进入，从而又反过来制约了入住率，而更为重要的是服务内容与手段相对有限。

（四）中国养老模式的难点

基于以上分析，除了需要政府加大对养老的投入外，在还要准确把握住细分领域、满足老人的实际需求或能找到养老产业的盈利模式：

1. 培养专业化的养老运营团队，提供更为细致的服务内容与措施；

2. 充分发挥社区日间照料服务及居家辐射功能，提供托老、上门服务；

3. 养老院与社区医疗卫生机构充分合作，解决老年人医疗问题；

4. 完善并大力推动居家养老模式；

5. 建立养老大数据和物联网、智能健康穿戴产品；

6. 开发金融、服务产品；

7. 建立养老机构与服务的评估体系。

第九章 我国养老产业的发展重点、关注方向

第一节 我国居家养老服务的发展

一、我国居家养老服务市场进展迅速

首先,我国人口老龄化国情。1999年年末我国60岁以上老年人口占总人口的比例超过10%,按照国际通行标准,我国人口年龄结构已开始进入老龄化阶段。进入新世纪后,我国人口老龄化速度加快。2005年年底,我国60岁以上老年人口近1.44亿,占总人口的比例达11%。汹涌而来的白发浪潮对我国养老福利事业造成了极大的压力,使尚未形成完善体系的我国养老服务面临着严峻的挑战和考验。

其次,实现"老有所养"的现实选择。我国经济尚处于不发达阶段,政府财政拿不出更多的经费来全面发展以机构养老为主的老年人福利事业。以上海为例,2006年每增加一张养老床位,必须投入5万到15万的资金成本。上海2006年养老床位占老年人口的比例为1.5%,如果未来3年要提高到3%的话,就要净增加3万张左右的床位,以每张床位平均投入10万

元计，那就意味着三年内需投入资金约30亿元，这显然是当前国力所不能承受的。

在我国"未富先老"的严峻形势下，必须按照我国社会经济发展的实际情况，走出一条具有我国特色，基本满足我国老年人需求的养老新路子。

再次，养老服务的客观需求。随着我国家庭日趋小型化，家庭养老功能逐步弱化，以及人们生活水平的不断提高，人们对社会养老服务功能的强化和养老服务形式的多样化提出了新的要求。根据我国老年科研中心调查，2007年全国城市老年人空巢家庭的比例已经达到49.7%，与2000年相比提高了7.7个百分点。大中城市的调查显示，老年人的空巢家庭比例已经达到56.1%，与发达国家70%～80%的比例相比，我国老年人空巢比例持续增加的趋势将是不可逆转的。研究表明，85%以上的老年人有享受居家养老的意愿，而选择住养老院等养老机构养老的只占5%～8%。根据调查，我国城市中48.5%老年人有各种各样现实的养老服务需求，其中需要家政服务的占25%，需要护理服务的占18%，需要聊天解闷儿的占13.79%。目前我国城市居家养老服务需求总的满足率只有15.9%。

最后，扩大就业渠道和促进经济增长的重要途径。老年人需要社会提供服务的比例在逐年上升，而且对养老服务的形式、项目、质量的要求越来越高，并且更加具体化，因此，开展城市居家养老服务前景广阔。根据测算，我国城市居家养老、家政服务和护理服务两项2007年潜在的市场规模已经超过700亿元，2010年增加到1 300亿元，到2020年将超过5 000亿元。

全面推进居家养老服务，是破解我国日趋尖锐的养老服务难题，切实提高广大老年人生命、生活质量的重要出路；是弘扬中华民族尊老敬老优良传统，尊重老年人情感和心理需求的人性化选择；是促进家庭和谐、社区和谐和代际和谐，推动社会主义和谐社会建设的重要举措；也是加快发展服务业，扩大就业渠道和促进经济增长的重要途径。

二、我国各地居家养老市场服务模式的比较

运用科学发展观指导和发展老龄事业，立足我国国情，推动和普及城乡社区居家养老服务的开展，是顺应民意、惠及亿万老年人的伟大创举。

居家养老服务，是指由社区和社会帮助家庭成员为在家里居住的老年人提供生活照料、医疗护理和文化娱乐、精神慰藉等方面服务的一种社会化养老服务形式。其定义包含几层意思：就其提供养老服务的主体看，既有家庭成员的照顾，也有社会的帮助，尤其强调社区照顾在居家养老中的重要作用；就其享受服务的客体看，主要是在家里居住的众多老年人，而这部分老年人目前几乎囊括了老年群体的全部（确切地说是99%左右）；就其提供的服务内容看，门类众多、丰富多彩，既有养和医等物质生活方面的服务，也有文化娱乐、情感慰藉、心理疏导等精神文化生活方面的服务；就其提供的服务形式看，是全方位、多角度、多层次的，既有请老人走出家门到社区为老服务机构中享受自己所需要的多种服务，也有派专业为老服务人员走进家庭为行动不便和生活不能自理的老人提供的多种包护服务。因此，可以说居家养老服务实际上是在社区建立一个支持家庭养老的社会化服务体系，它具有服务主体多元化、服务对象公众化、服务方式多样化、服务队伍专业化等特点。"居家养老"服务相对过去传统的"家庭养老"而言，虽一字之差，但却赋予了全新的含义和解释，它把社会化的为老服务引入家庭，是对传统的家庭养老模式的补充与创新。我国要建立具有我国特色的养老服务体系，发展居家养老服务正是这一体系的基础工程。

开展居家养老服务，是我国积极应对人口老龄化快速发展趋势的战略选择，是我国目前破解巨大养老服务难题的根本出路，也是依据我国国情，尊重民族传统，更新养老服务理念、创新养老服务方式、发展社区服务的重要途径。它对于促进老龄事业与经济社会的协调发展，提高老年人生命生活质量，构建社会主义和谐社会具有非常重要的意义。

从2000年开始，各地陆续进行了不同形式的居家养老服务试点探索。2008年上半年，十部委《关于全面推进居家养老服务工作的意见》颁布和2009年年初杭州居家养老现场经验交流会议后，各地的居家养老服务得到了较快的发展。杭州、宁波、南京、上海、北京、天津、青岛、大连、广州、哈尔滨等地走在了全国的前面，创造了许多各具特色的宝贵经验，收到了良好的社会效果。

各地在开展居家养老服务的过程中，因地制宜，因时制宜，还创造和形成了一些各具特色、多种多样的服务模式。这里结合调研掌握的材料，对几种最主要的基本模式做一个简要的归纳、比较和分析，以便各地在今后深入开展居家养老服务时能够有目的、有选择地学习、吸收和借鉴，学其所长，避其所短。

（一）**政府主办，层级联动模式**。这种模式在我国中、西部许多城市开展的居家养老服务中被较为普遍地采用。它主要是采取各级政府和街道社区运用行政强制力进行推动的办法，运用各级财政资金扶持和各级行政组织的自筹资金，相应在城区、街道、社区居委会等几个不同层面分级建立起规模有别、服务范围和服务内容有别、服务对象有别的居家养老服务机构和站点，并建立区、街、居三级管理机构，为本辖区内的居家老年人提供多种养老服务。这种模式的特点是：政府主管，政府承办，行政推动，行政运作。一般说来，从区到街道、再到社区居委会，每一级都有专门人员主管居家养老服务工作，服务人员大多采取在区、街居家养老服务中心配备事业编制的干部和工作人员，街居站点基本上是街道、居委会干部和少量聘用人员及辖区志愿者来担负。即使行政工作人员不进行直接服务，也是由行政机构直接聘用人员、直接管理来实施居家养老服务的，并且服务基本上是以无偿和低偿为主。比如在我们调查了解的成都、哈尔滨、银川、武汉等地开展居家养老服务的情况看，许多区、街道和居委会就是采取的这种模式。如成都市金牛区政府划拨56亩土地，吸纳民间资金200多万元建立了金牛区敬老服务中心，积极推动各街道、社区居委会建立为老服务设施和场所，建起了街居老年活动中心（站）138处，计19 680平方米，并以区敬老服务中心为平台，在区、街、居三级建立起了居家养老组织管理机构，负责居家养老服务的实施和运营、监督和考评。再比如银川市的金凤区在社区居委会试点建立了39个居家养老服务站点，基本上也是采取政府和社区出资、民政部门主管、社区承办运作的方式提供服务的。

这种模式有其优点：一是这种模式与中西部地区经济社会发展水平和人们的思想观念基本上相适应，那里民间力量的经济实力不足，人们的思想观念比较陈旧，目前要推动居家养老服务工作，基本上是要靠行政推动的；二是基于传统做法，由各级行政推动和主办主管，可以从上到下一贯到底，畅通无阻，目前这种行政命令式的强制推动力在中西部大多数地区还是非常巨大、快捷、卓有成效的；三是与社区建设紧密结合，能够从上到下得到各级党政主管领导的高度重视和支持；四是容易最快地得到广大居民的理解和信任，从而较多地获得社会资源和社会力量的支持。

但是这种模式也有其致命的弊端和欠缺：一是从办到管全是政府包揽和运作，这种体制上的弊端产生的高耗低效、高投入低产出、等级森严、人浮于事的弊病必然是根深蒂固的；二是政事不分、政企不分，以政代事代企，不符合政治体制改革的发展方向和要求；三是与市场经济发展要求不合拍，不利于调动更多的社会资源和民间力量来参与居家养老服务，同时单纯依靠政府有限的资源做主体投入，也会极大地限制和阻滞居家养老服务更快地普及与发展；四是服务项目单调、内容欠缺，千篇一律，千人一面，且服务专业化程度不高，很难体现社区特点和多样化的要求，因此满足老年人的多种需求也会大打折扣。

（二）政府主导，中介组织运作模式。这种模式在我国的东部发达地区和沿海的一些大中城市多有运用。它主要是采取两种方式运作：一是采取公办（建）民营的方式，政府主导，加大投入建设居家养老服务设施，建成后交给民间组织使用和管理，用来实施居家养老服务；二是政府加大资助力度，资助民间组织建设并管理运营社区居家养老服务设施和站点。这两种方式政府都不直接承担服务功能，而是承担规划、投资、制定项目建设和服务运营的法规标准、检查监督和绩效评估等职责。我们调查了解的南京、杭州、宁波、青岛等地的一些区、街，基本上就是采用这种模式运作的。如南京鼓楼区培育发展的"心贴心"居家养老服务公司、宣武区培育发展的"万家帮"服务公司，就采取连锁经营、统一管理的方式接受政府的资助和委托，承担起了区内大多数街居的居家养老服务职能，政府则超脱于事物之外，在制定规划和政策、标准，财政资助，检查监督和评估等方面行使宏观管理职能。随着政府职能的转变，现在中西部的一些城市社区中也越来越多地采用了这种方式，比如成都市培育的"晚霞"社会养老服务机构、成华区培育发展的"彩霞"助老服务社，哈尔滨市培育的"顶顶家政"、邦尼公司为老服务中心等，都在开展居家养老服务中发挥了重要作用。

这种模式的优点很多，一是符合行政管理体制改革的要求和发展方向，从根本上改变和克服了以往以政代事、代企的现象与弊端，切实做到了政事、政企分离，政府的宏观管理和调控职能能够更好地发挥和体现；二是降低了行政运作成本，节约了财政资源，使政府有限的资源能够发挥出更大的效益；三是培育和发展了非营利性的民间服务组织和服务机构，让它们在居家养老服务中充分发挥作用，有利于提升服务的专业化品质和加强服务队伍的专业化建设；四是引入市场机制，连锁经营，统一管理，统一物流配送，可以大大降低服务的管理运营成本，提高效益；五是可以更好地了解不同社区老年人各种需求的变化情况，及时调整并提供适合对路的服务产品，做到供求的最紧密衔接。

当然，这种模式也存在一些不足之处：一是目前在很多地方，民间组织发展得较差，难以担当其政府委托的居家养老服务职能；二是中介组织开始运作时，不容易取得社区居民的信任，不像群众对政府开始就有信任感。这些中介组织要靠自己的努力，甚至是艰苦努力去打开局面，往往有些时候，有些地方中介组织的运作还没有上路就夭折了；三是政府职责要明确，行政管理和监督要跟上、要适度，否则容易使政府或是撒手不管，推脱责任，放任自流，使中介组织在没有资源支持的情况下产生追逐利润的倾向，或是政府行政干预太多，指手画脚，扼杀了中介组织的积极性和创造性。

（三）政府资助，机构主办，连锁经营模式。这种模式在一些养老机构发展得比较好、专业化服务水平比较高的地方已有运用。它主要是一些地方根据社区居家养老服务与机构养老服务有很多相通、相似的特点，采用政府出资和社区筹资，委托或资助专业养老机构在社区承办居家养老服务设施和站点，并在建成后管理和运作，为社区老年人提供居家养老服务的一种专业化连锁运营的模式。比如在黑龙江省牡丹江市，借助民政部实施"星光计划"的资助资金，加上地方政府配套和社区自筹资金，委托牡丹江市社会福利院在西安区的海浪小区、东安区的林机小区、阳明区的鸿峰小区和东大小区建立了四处社区居家养老服务机构，不仅设置了60张短期或临时性的住养床位，而且开设了老年人活动中心和上门包护等多项服务内容，借助院舍服务长期训练养成的规范化管理、程序化运作、专业化服务的一套做法，使居家养老服务的专业化水平很快得到了提升。天津市有些社区和北京市西城区的月坛街道，依托天津鹤童养老院这所专业化的养老机构，设立了连锁经营管理的社区居家养老服务机构和站点，把专业为老服务的知识和技能运用到社区居家养老服务中，也取得了很好的效果，受到广大老年人的普遍欢迎。

分析这种模式的长处：一是政府从具体的服务事物中解脱出来，委托专业养老机构承办和运作，符合社区居家养老服务专业化、规范化的发展方向；二是专业养老机构连锁管理和运营，不仅能够迅速提高社区为老服务的专业水平，使居家老年人得到满意周到的服务，而且为机构自身的发展开辟了新的途径；三是节约管理、运营成本，特别是节约人力成本，有利于为老服务队伍的专业化建设；四是为其他社区居家养老服务机构和站点树立了示范和样板，带动整个居家养老服务水平的提升。

这种模式存在的不足之处，有些是和委托中介组织存在的问题相类似，比如政府委托后容易推脱责任，撒手不管，专业机构处于缺少政府资助难以支撑、难以为继的状态；有些是单独出现的问题，比如专业化服务要求的设备设施不足，机构派出到社区居家养老服务机构和站点工作的人员面对工作环境、待遇的改变容易产生思想波动，机构与社区的管理者之间也容易出现一些摩擦或矛盾。

（四）政府购买服务，公司承办，市场运营模式。这种模式在那些市场经济比较发达、人们的市场观念比较成熟的地方有较多的采用。主要是政府不再去办或建居家养老服务机构和设施，而是采取一般性的市场运作、购买服务的办法，由政府全部出资或部分资助，为那些三无对象、五保老人、军烈属老人、特困老人和支付能力不足的需要照顾的老年人到市场上去购买他们所必需的基本服务，而一些从事服务业的企业或公司则根据市场需求去出资举办社区的居家养老服务设施，雇用和培训为老服务人员，为居家老年人提供他们所需要的各种服务。比如在浙江温州、杭州等地的一些社区，就生长出了许多专门从事居家养老服务的公司。北京西城区在开展居家养老服务中也生长出了一个"红黄蓝"家政服务公司，为居家老年人提供多种服务。还有哈尔滨市的普瑞家庭服务公司、康乐老年养老公司，南岗区的金桥劳务、社康服务公司等，都在政府购买服务的推动下成了社区居家养老服务市场的生力军。

这种模式的优点很明显：一是政府不再操心和出资建设施，而是由企业自发地按照市场法则去决定和建立，这对政府来说是个解脱；二是改变了政府的投入和资助方式，政府只针对服务对象的实际，区分不同情况给予相应的服务补贴就可以了，由此可加快催生老年服务市场的发育和成熟；三是市场调节内在追逐利润的动因和外在竞争的压力使居家养老服务的效率大为提高，诚信和品牌成为服务企业的立身之本，由此能够使居家老年人享受到更好的服务。

这种模式的欠缺也是明显的，一是由于服务设施的基本建设没有政府的任何投入和资助，完全靠企业自己的资源进行建设，所以相对而言，政府对服务企业的约束力和影响力就要差一些；二是目前很多地方政府对服务对象的资助并不充足，在这种情况下，老年人的支付能力和养老需求之间的矛盾就比较突出，像其他方式那样依靠政策优惠和行政干预来弥补很难行得通；三是企业行为就是要追逐利润，因此有些低偿服务、不赚钱的服务往往被舍弃或忽视，而那些有偿的和高收费的服务又往往不被中低收入的老年人所接受，这样就与发展居家养老服务的初衷有些背离。当然在很多地方，上述几种服务模式有时是并存的，有时是交互的，有时又是融合渗透的，很难说哪里就是单一类型的服务模式。此外，也还有其他一些服务模式，像股份制的服务运作模式、老年人互助合作的服务模式等等，这里不再一一赘述。

上述分析可见，居家养老的几种主要服务模式是各有利弊，也各自适用于不同地区、不同服务内容的。各地在发展居家养老服务的过程中，还是要实事求是，因地制宜、因时制宜，创造性地吸收借鉴和组织实施才好。

在我国广大城乡社区全面开展居家养老服务，必须要按照科学发展观的要求，不断研究新的思路，创新发展模式。要以构建社会主义和谐社会为目标，以满足老年人不断增长的居家养老服务需求为出发点和落脚点，坚持"政府主导、社会参与、市场运作"的工作方针，解放思想，更新观念，加大工作力度，全面推动居家养老服务事业健康发展，为构建具有我国特色"以居家养老为基础、社区照顾为依托、机构供养为补充"的养老服务体系奠定基础。围绕新的发展思路，今后几年要努力在全国城乡社区基本建立起多种形式、广泛覆盖的居家养老服务网络，健全和完善居家养老服务的组织管理体制和监督评估机制，使社区居家养老服务设施不断充实完善，服务内容和形式更加丰富多彩，专业化和志愿者相结合的居家养老服务队伍不断发展壮大，城乡老年人多层次、多样化的养老服务需求基本能够得到满足。

三、完善我国居家养老服务市场的政策建议

（一）健全法律法规，完善相关政策措施

应加快老年人权益和老年社区建设的立法，对其发展做出长期规划。同时，在我国的现实国情下，政府应从宏观的角度制定各项支持社区养老的政策，如社区养老服务设施用地、用房优惠政策、减征或免征相关税费等，应建立为社区养老服务设施和项目与城市公建的配套法规、社区养老服务管理规章及实施管理规章等。

（二）建立一支专业人员与志愿者相结合的居家养老服务队伍

目前，我国的居家养老服务队伍建设是与再就业工作相结合的，从下岗失业群体这个人力资源库中进行选择，从而达到降低成本的目的，但是需要对服务员按不同的要求进行专业知识和技能培训，实行职业资格制度和技术等级认证制度，按培训技能考核的等级从事相应等级的服务，做到持证上岗，不断提高服务人员的专业化水平。

（三）完善社区养老机构的设施建设，尤其是医疗康复设施

首先，改善社区养老服务设施的使用功能；其次，要完善医疗保健康复设施，开展保健康复、常见病预防等知识讲座；最后，完善社区老年文化体育设施。

（四）拓宽养老资金筹措渠道，形成多元化和多渠道投入的发展机制

要建立以社会筹集为主、政府资助为辅的多层次、多途径、多渠道的投资发展体制。继续扩大宣传力度，鼓励社会各界积极关注养老事业，鼓励社会团体、企事业单位和个人向社区养老服务机构捐资、捐物或提供无偿服务。同时，政府应在国民收入的再分配中适当加大对社区养老的资金投入比例，兴建养老服务机构的设施，为老年人提供服务给予相应的资金

支持。社区居家养老服务机构可根据老年人的实际承受能力，形成不同档次的服务标准，实行有偿服务、低偿服务。这样既实现了政府购买服务，又满足了社区不同层次老年人的服务需求，同时也能吸引私人投资，拓宽资金来源。

随着城市化、工业化和现代化的发展，传统意义上的家庭养老方式受到了巨大的冲击，单纯依靠家庭养老的时代已经过去，但完全意义上的社会化养老又未形成，因此就亟须社区养老服务这种新形式对家庭养老进行辅助。事实上，对老年人而言，社区是他们晚年生活最主要也最理想的活动场所和空间。因此，社区养老服务事业作为和谐社区公共服务体系的一个重要组成方面，它的发展不仅关系到亿万老人的切身幸福和安乐，也直接影响到和谐社区的建设乃至整个和谐社会的构建。

（五）高度重视现代移动互联网、物联网以及大数据等新兴技术运用，以及智能化城市建设为居家养老带来的颠覆性影响。这部分内容，将在专门章节论述。

第二节 我国民办养老服务机构的发展

一、我国养老机构供给存在的问题

（一）人均床位数少

目前养老服务机构总床位数很少，有些地区不足老年人口数的1%，养老服务设施相对滞后，当前老年公寓的有效需求正在不断增强，但公寓数目少、规模小；政府对老年人的住宅建设重视和支持力度不够，老年公寓和养老机构资金投入不足、缺少配套设施，管理不善。

（二）我国养老机构投资少，资金筹集渠道狭窄

多数养老服务机构政府投资少,设施建设和设备购置方面投入不足,充其量是"老年集体宿舍",房间构造简单、功能单一、档次低,含卫生间的住房少,带厨房的更少,没有足够的室外活动场所。

资金筹集渠道狭窄,对财政补助收入依赖性过大。随着我国改革开放和社会主义市场经济的深入发展,市场竞争日趋激烈,而多数事业单位受计划经济体制影响较大,资金来源主要靠财政拨款,尤其是实行企业化管理的事业单位,创收能力差,市场竞争力和生存能力脆弱,资金来源主要靠财政拨款或内部循环。

(三)养老机构地区差异明显

我国的养老机构脱胎于计划经济体制,带有强烈的国家福利的色彩。受多种因素的影响,我国的养老机构整体发展水平不高,人均床位拥有量远低于发达国家,供需矛盾突出。我国养老机构的结构不合理,地区差异大,所提供的服务并不能满足入院老人的需要。

(四)城乡差异明显

城乡老年养老机构的设置情况存在着城乡差异比较明显。农村村委会的养老机构明显多于城市街道养老机构。从老年人对养老机构的了解来看,城市老年人口和农村老年人口对养老机构的了解基本持平,农村女性老年人对养老机构了解略少。城乡老年人口对养老院的印象评价上有显著性差异,农村对养老机构的评价要高于城市,这主要是由于城市和农村的老年人的经济条件制约、对养老问题的认知习惯及其他方面的影响使其评价的标准不同所造成的。

二、我国民办养老服务机构建设新进展

调查数据显示,我国民办养老服务机构发展经历了一个从低速发展、快速发展到稳定发展的变化。

1994年以前,我国每年新成立的民办养老服务机构一直徘徊在个位

数；从1995年开始，每年新成立的民办养老服务机构呈现出增长趋势；进入新世纪以后，每年新建民办养老服务机构的数量开始进入快速增长阶段，特别是在2004—2006年的3年间，出现了民办养老服务机构发展小高潮；其后的两年中，每年新增民办养老服务机构的数量有所下降，但是平均每年新建民办养老服务机构的数量仍旧保持在200个左右。

调查数据显示，在应对养老服务压力上，我国民办养老服务机构发挥了重要作用。第一，民办养老服务机构承担了中高龄老人的养老服务。入住比重最大的是70—79岁的中龄老人和80—89岁的高龄老人，两者占入住老人的65%。第二，民办养老服务机构承担了女性老人的养老服务。从入住老年人的性别上来看，女性老年人比例高出男性老年人约8个百分点。研究表明，进入老年期以后，女性老年人的比重会逐渐高于男性老年人，而女性老年人自评健康水平明显低于男性老年人。第三，民办养老服务机构承担了生活不能自理老年人的养老服务。在入住老年人中，半自理和不自理的老年人占到55%左右。第四，民办养老服务机构减轻了子女养老负担。在入住老年人中，因"子女无力照料"的占44%，因"不给子女添麻烦"的占16%，两者合计占60%左右。

在一些发达国家，民办或私人办养老护理机构已成为养老服务机构的主体。据2001年英国国家统计资料，私人办养老护理院所占比例已经超过政府办养老护理院。地方政府办、志愿者办、私人办的比例，英格兰为15：20：65，威尔士26：8：66，苏格兰为31：43：26，北爱尔兰为37：26：38。据美国2004年统计数据，这一比例为7.7：30.8：61.5，私人办护理院占到护理院总量的60%以上。

我国民办养老机构的作用和国外养老机构发展特征说明，在我国应对养老服务压力时，不能不考虑民办养老服务机构发展和民间资本进入养老服务业问题。

目前我国大多数民办养老机构配备的养老服务人员数量严重不足，与国家相关政策要求的老年人与服务人员配置比例差距较大。

这主要是因为民办养老机构在没有外部支持和监督的情况下，为了降低服务成本，只能在减少人力成本方面做文章，由此造成了许多民办养老机构中服务人员劳动时间长、劳动强度大、劳动报酬低、长期处于超负荷运转的状况，造成整个养老服务队伍的不稳定。

此外，有相当数量的民办养老服务机构从业人员的专业素质不高，很多人甚至没有参加过正规的岗前培训。

针对上述情况建议，一方面，加强对养老服务行业从业人员的培训和培养，建设一支专职的养老服务行业人才队伍。另一方面，倡导和组织爱心志愿者，为民办养老服务机构提供各种志愿服务，补充机构从业人员的不足，建立养老服务行业中介服务组织。

三、我国民办养老机构的特点分析

民办养老机构是我国养老服务体系的重要组成部分，对于妥善解决我国人口老龄化问题具有十分积极的作用。最近，国家发展改革委社会司与有关部门对浙江、山东的民办养老服务机构发展情况进行了调研。

（一）**民办养老机构已成为社会养老服务的重要力量**。2000年以来，国家面向民办养老服务机构出台了优惠政策，鼓励其专门为老年人提供生活照料、文化、护理、健身等多方面服务，浙江、山东两省民办养老机构发展很快。以浙江为例，截至2005年，全省民办养老服务机构已达334家，床位32 529张，入住老人27 802人。其中后两者占全省的比例分别为29.6%和36.9%。这表明在一些发达地区，民办养老机构已经成为社会养老服务的重要力量。

（二）**规模不大，场地以租用为主**。机构平均规模在100张床位上下，大的有130张床位，小的74张，都是租用社会上的闲置房产，如废弃厂房、仓库、学校等，简单改建和装修之后便开始运营。此外，也有一些机构（或个人）承包当地街道、社区等公有房屋，规模小的只有十几张床位。总体上，民间养老机构平均入住率较高，如浙江省达85.5%。一些条件和服务好的机构，如青岛红十字护理院服务中心、浙江湖州碧浪湖老年公寓等全部住满，上百人排队预约登记。

（三）服务内容主要是长期照料和临终关怀。民办养老机构提供的服务基本上是以生活照料为主、医疗护理为辅，主要包括喂饭、更衣、大小便失禁后清理、定期洗澡、翻身和打针、康复等服务。收住的对象中，80%以上是家庭无力照顾的生活半自理或完全不能自理的老年人。

（四）员工队伍以护理工和护士为主。

长期照料工作通常需要护理人员具有简单的医疗和护理知识，一般从社会上招聘后经过简单培训即可上岗，适合社会没有技能的下岗失业人员，特别是女性和"4050"人员。护理人员与护理对象的比例为1∶3—1∶4。由于照顾对象非常特殊。工作具有苦、脏、累的特点。

（五）收费较低，微利运营。民办养老服务机构的收费定位一般都低于平均退休收入水平。例如济南圣松公寓每人每月两人间950元，4人间540元，8人间420元。青岛两家机构的定价从600元到900元不等。900元的标准主要面向需要长期照料的生活完全不能自理老年人，600元的标准是面向半自理老年人。

四、我国民办养老服务机构市场发展困难的原因分析

由于处于起步阶段，城市民办养老机构发展历史短，经营管理经验少，发育不成熟，不可避免地存在一些问题。主要表现在：设施和设备简陋，技术和管理服务水平低，人员队伍不稳定，租金成本上升造成的经营压力加大。产生这些问题的主要原因有以下几个方面：

一是对加快发展养老服务机构的紧迫性认识不足。我国是一个"未富先老"的国家，目前正在经历世界历史上最大规模和最快速的老龄化过程。由于城市"421"家庭较为普遍，生活完全不能自理或半自理老年人

正在迅速增长，相关问题如果解决不好将会影响全社会的和谐与稳定。从调研的情况来看，有些地方政府对发展养老服务机构，特别是民办养老机构紧迫性的认识还很不到位，摆不上议事日程，在建设上，既没有制定规划，也缺乏政策和资金支持。

二是发展民办养老服务机构的相关政策不完善、落实难。国家针对民办养老服务机构虽然下发了文件，在税收、土地、信贷、水、电等方面做出了原则性的规定，但由于有关部门和地方没有制定可操作性的措施和办法，国家政策落实难的情况还普遍存在。场所和资金短缺是民办养老服务机构稳定发展的两个瓶颈。民办养老服务机构绝大部分是在民政部门登记的民办非企业单位，没有资格获得银行信贷资金支持，其他融资渠道极其有限。

三是养老服务业市场要素功能错位。从性质上分，养老服务机构既有公办的，也有民办的，两者应有不同的目标人群和功能定位。公办的应主要面向低收入的、难以被市场接纳的困难群体；民办机构则面向市场其他各类群体。但一些地方政府部门为解决机构养老资源不足和经费问题，将部分福利设施向养老市场开放，直接参与市场竞争，对入住对象不管贫困与否不做甄别。由于其建设是国家投入，起点高，设施好，部分人员工资由财政支付，经营成本低，给民办养老服务机构造成一定的压力，竞争没有在一个起跑线上。

四是社会力量支持民办养老机构的环境没有形成。在发达国家，长期照料服务主要由民间承担，社会慈善组织、宗教组织、企业财团甚至个人都能在资金、场所和实物等方面对其给予强有力的支持。我国因有关制度不健全，慈善事业发展缓慢，由民间举办的纯公益、不以盈利为目的的养老机构很少，绝大多数是私人性质，一般很难获得社会各方面的捐助。

五是民办养老服务的行业指导和行业管理缺位。目前，民办养老服务机构基本上处于自由放任状态，在行业指导、接受监督和行业自律上非常欠缺。同时，因国家没有颁布行业服务标准，对服务的监管和纠纷的处理还很不规范。

五、我国民办养老服务机构市场发展的建议

（一）广泛动员，大力加强社会养老机构建设。

我国正在经历世界历史上规模最大、速度最快的老龄化过程，60岁以上老年人超过2亿人，根据《中国老龄事业发展报告（2013）》，我国80岁及以上高龄老年人口达2 273万，必须全面做好应对准备。总体上，要坚持以家庭养老为主，社区照顾为依托，机构养老为补充的方向，整体推进，加快构建多层次的社会养老服务体系，满足迅速增长的社会养老服务需求。

（二）加强引导，确保养老服务机构健康发展。

各级政府要在制定规划、推动立法、完善政策、营造环境、培育市场、示范引导、加强监管方面发挥应有作用。要尽快建立公开、平等、规范的养老服务准入制度，按照社会化和市场化的要求，坚持政事分开和管办分离的原则，积极支持以公建民营、民办公助、政府补贴、购买服务等多种方式兴办养老服务业，保障其健康快速发展。

（三）分类指导，健全社会养老服务功能。

对于民办机构，要重点研究解决场所和资金这两个影响民办养老服务机构稳定发展的瓶颈问题，探索金融机构支持民间养老机构发展的途径，吸引有实力的企业投入养老服务业，壮大产业规模，提高管理和服务水平。同时，公平对待公办和民办养老机构，为其平等竞争创造条件。

对于公办机构，政府也要加大投入，并设立专项资金，在一些社会养老服务空白的贫困地区和民间机构不发达的地区，重点建设一批爱心护理院，专门为生活困难、完全不能自理的老年人提供生活照料、医疗护理、精神慰藉和临终关怀等服务，在服务内容、服务方式、服务质量等方面发挥示范作用，弥补市场的不足。各级政府要保证公办老年福利院合理的费用支出，引导其面向贫困老年群体提供服务，保障这些老年人的权益，解

决不能由市场手段解决的问题,为民办机构发展腾出更多的空间。

(四)落实政策,加强监管。

对于已出台的政策,要督促地方认真落实,及时进行检查和评估,以检验政策的有效性和各地的落实情况。同时,要对民间养老机构加强监管,保证国家优惠政策发挥应有的作用。还要加强研究,探索建立有我国特色的长期照料护理体系,以解决老年人长期照料服务费用问题。因为目前在这方面,我国还是一片空白。

第三节 医养结合服务模式探讨

2013年10月,国务院印发了《关于促进健康服务业发展的若干意见》,提出到2020年,健康服务业总规模达到8万亿元以上,鼓励医疗机构与养老机构加强合作;在养老服务中充分融入健康理念,加强医疗卫生服务支撑。当前,我国医疗机构和养老机构二者之间互相独立、自成系统,往往使老年人在健康状况和生活自理能力面临困境时,不能得到及时有效的治疗,不得不经常往返家庭、医疗卫生机构和养老机构之间,既耽误治疗、增加费用,也给家属增加了负担。在未富先老及养老、医疗、长期照料服务等社会保障制度不完善的情况下,如何解决世界上规模最庞大的老年群体的医疗问题,成为当前社会保障领域学者和相关政府部门不可回避的话题。因此,通过医疗机构和养老机构之间的多方式结合,使其资源共享、优势互补,建立并完善医养结合服务模式就显得迫在眉睫。

一、医养结合的概念和标准

所谓"医养结合"是养老服务的充实和提高,就是重新审视养老服务内容之间的关系，将老年人健康医疗服务放在更加重要的位置，以区别传统的单纯为老年人提供基本生活需求的养老服务。包括传统的生活护理服务、精神心理服务、老年文化服务，更重要的是包括医疗康复保健服务，具体有医疗服务、健康咨询服务、健康检查服务、疾病诊治和护理服务、大病康复服务以及临终关怀服务等。

"医养结合"的"医"不等同于医疗卫生机构，它主要包含三个部分。第一部分是急性医疗，可以在养老项目中设置医疗室，设置急救设施或是120急救车，与医疗卫生机构合作开通急救通道，让老人在身体出现异样时得到及时的救助和治疗。第二部分是健康管理，也是"医养结合"服务模式的核心价值所在。第三部分则是康复护理。与一般养老机构相比，"医养结合"服务对象重点面向患有慢性病、易复发病、大病恢复期、残障以及绝症晚期老人提供老年健康管理和医疗服务。

医养结合服务要解决的问题包括：服务的对象、谁来提供服务、服务人员的要求、服务的内容、医养结合服务模式的实现方式，以及服务机构的标准和资质，等等。

随着年龄的增长、身体机能逐步退化，老人的第一需要是健康。医养结合服务的对象区别于普通养老机构服务所有老年人，主要面向慢性病老人、易复发病老人、大病恢复期老人、残障老人以及绝症晚期老人提供养老和医疗服务。

服务的内容以为老年人提供生活护理服务、精神慰藉服务为基础，医疗诊治服务、大病康复服务以及临终关怀服务等服务项目是相比于普通的养老机构增加的服务项目，也是其最重要的服务内容。

服务的提供主体，当然需要发挥政府部门的作用，但在现阶段的国情下，单一强调某一个别主体的作用来满足日益增长的医养结合服务需求是不现实的，必须调动各方面的积极元素，整合多方服务主体的资源，使其各自承担不同的职责与任务。老龄问题是整个社会需要面对的问题，需要将政府、盈利组织和非营利组织等多方主体有机结合起来。

服务模式的实现方式通过政府主导，统筹发展规划，传统养老机构增设医院，部分二级医院和专科医院转型为老年人康复院、护理院，以及养老机构和医疗卫生机构近距离规划设置并达成合作协议等多种方式来实现。

服务人员也需要进行相应的调整，对于养老院建医疗卫生机构这种方式需要增加具有医疗资格的医师和专业护士，而对于医疗卫生机构转型为医养结合服务机构这种方式，由于入住老人增加，也需要增加相应的护理员。

服务机构资质和准入标准。医疗水平不能是简单的、微型的医疗室水平，需要相当于至少一级医院的标准。

二、建设老年人医养结合服务模式的原因

（一）人口老龄化形势严峻，老年人健康状况堪忧。

"十二五"时期中国人口老龄化将加速发展，人口老龄化形势更加严峻，呈现出老龄化、高龄化、空巢化加速发展的三个新特征，老年人照料问题日益突出。

失能半失能老人增加，老年人长期护理问题日益突出。中国老龄科学研究中心2011年3月发布的《全国城乡失能老年人状况研究》指出，2010年年末全国城乡部分失能和完全失能老年人约3 300万，占总体老年人口的19.0%。其中完全失能老年人1 080万，占总体老年人口6.23%。到2015年，我国部分失能和完全失能老年人将达4 000万，占总体老年人口的19.5%，失能老年人占总人口的比重进一步提高。其中完全失能老年人达1 240万左右，占总体老年人口的6.05%，比2010年增加160万。随着人口老龄化的加剧，失能、半失能老年人的数量还将持续增长，医疗和护理问题日益突出。

人口老龄化和高龄化伴随而来的是健康问题的增多。老年人患病率

高，患病种类多，且多是患病时间长、并发症多、治疗难度高的慢性病，病情严重、病程更长。随着生活不能自理老年人口的增多，接踵而来的问题就是对社会老年人医疗护理服务提出了新的要求，长期医疗护理服务需要迫切，且呈逐渐扩大趋势。

（二）家庭照顾功能的弱化

第一，在计划生育政策下形成的独生子女趋势，使我国家庭结构发生了重大变化，家庭规模日趋小型化。"421"家庭将会普遍存在，将来甚至会出现"8421"的现象。国家统计局2011年4月28日公布的《第六次全国人口普查主要数据公报（第1号）》显示，平均每个家庭的人口为3.10，比2000年人口普查的3.44人减少0.34人。这就意味着，一个家庭需要赡养照顾的老人相对增多，照顾老人的家庭成员相对减少，这种家庭成员构成态势，将会使照料老人成为其他家庭成员的沉重负担。

第二，时代的发展变化导致现代生活节奏的加快，作为家庭晚辈的年轻人越来越重视自我价值的实现，加上从业压力的不断增加，年轻人将更多的时间和精力用在工作和学习上，注重生活品质、自我发展和身心释放，用来照顾老人的时间和精力有限。于是，对老人生活方面的照顾和精神上的慰藉显得越来越少，而面对残障老人、慢性病老人、易复发病老人以及绝症晚期老人越来越多的医疗诊治、大病康复和临终关怀问题，更是让家庭中的年轻成员感到力不从心。

三是缺乏完善的家庭护理条件。我国家庭日趋小型化，独生子女家庭众多，妇女广泛就业，老年人寿命延长，形成了大量的空巢老人。老年人身边经常没有子女陪伴，其生病护理和日常照料非常困难，尤其是孤寡老人，生病时得到护助就更少。而家庭护理的主要内容还是针对各种疾病的基础护理治疗或对老人现存问题的对症护理方式，仍停留在恢复健康和减轻痛苦，而没有真正做到全方位的"增进健康、预防疾病、恢复健康、减轻痛苦"的基本任务。

（三）家庭养老和普通机构养老无法满足老年人的健康管理需求

《全国城乡失能老年人状况研究》指出，目前在养老机构中，配备有简单医疗室的机构不足六成，其中民办养老机构为56%，政府办养老机构为52.1%，农村五保供养机构仅占41.7%；而配备康复理疗室的机构不到20%。22.3%的养老机构既没有单独的医疗室，也没有专业医护人员；农村情况最为严重，其中西部农村60%以上的养老机构缺少专业医护人员。

在长期护理中，生活护理和医疗护理是密不可分的。失能的老年人绝大多数都患有慢性病，长期护理需要根据老人的健康状况，在生活护理的基础上，进行医药治疗、饮食调理、躯体康复护理等全方位有计划的护理。而依靠无医疗资质的敬老院的生活护理加上社区服务中心提供的医疗，是将生活护理和医疗和饮食护理割裂开，无法完全满足长期护理和医疗护理的要求。然而，真正满足长期护理理念的护养院还非常少，提供的床位也极其有限，大部分老年人只能在普通的养老机构接受照护。

由此可见，目前我国老人患有各种慢性病的比例非常大，且失能、半失能老人数量众多，但是养老机构面对以上庞大的老年人群的医疗问题却不能提供解决方法。

（四）医疗卫生机构无法为老年人提供长期住院服务

一是老年人"押床"、"赖床"现象屡见不鲜。一些急性病恢复期和长期康复的患者、慢性病患者以及晚期姑息治疗患者，需要得到长期的医疗护理服务，尤其是老年患者已经可以回家却拒绝出院，有的老年病人甚至在医院住一两年，原因是医疗卫生机构里有专业的医护人员，还能享受医保报销，远远强过养老院和社区医疗卫生机构。老年人"押床"现象屡见不鲜，其实老年患者赖的不是床位，而是优质的医疗护理资源。虽然很多地方建设了一些老年人医疗卫生机构及病床，但是相对于社会需求而言，可谓杯水车薪。

二是限定病人医保报销金额，老年患者被迫不停地出院转院。老年人患有慢性病比例高，需要住院时间长，但是为保障医保基金使用的安全、平衡和发挥最大效率,各地医保管理部门对各医保定点医疗卫生机构确有总额预算管理。同时,医保基金是有限的公共基金,合理控制和使用医保基金,关乎全体参保人员的切身利益。

三、健全老年人医养结合服务模式的对策

(一) 健全医养结合服务模式的构成要素

1. 充分发挥政府的主导作用

(1) 建立和完善医养结合服务法律法规和相关促进发展扶植政策。全方位的政策导向,是保证医养结合服务建设完善的基础。国家应该根据医养结合服务模式的目标定位,尽快出台促进医养结合服务模式发展的意见规划,明确医养结合服务机构的服务性质、服务对象、服务主体、服务范围、机构设置标准、从业人员上岗标准以及具体的吸引社会力量参与投资的方案。然后各级政府根据本地实际情况相应制定配套的规划,将医养结合服务模式建设纳入区域老龄发展规划、卫生规划和医疗机构设置规划。要根据当地老年人口,尤其是对口老年人群的卫生服务需求和医疗卫生资源分布状况等要素,对医养结合服务机构进行规划布局与设置,强调医养结合服务机构与现有医疗机构和养老机构的有机衔接,合理调整其规模、数量和功能定位,提高老年人群医疗卫生资源利用效率。完善相应的扶植政策,优化医养结合服务模式发展软环境。落实相关的优惠政策,吸引更多的社会力量、民间资本投身到医养结合服务事业当中。建立平等竞争的市场环境,尽量减少民营企业及个人投资医养结合服务的成本,出台具体、细化、可操作的优惠政策,进一步改善民办机构的艰难局面。

(2) 投资建立大型的医养结合服务机构,形成引导示范效应。各级政府应该加大对医养结合服务模式的财政投入力度,尽快建立1—2所大型医养结合服务机构,重点满足有需要的、经济困难老年群体。这样,一方面可以在社会上迅速激发所有有入住需求的老年人的向往;另一方面,

也会对社会力量参与医养结合服务模式形成示范作用。

2. 积极探索建立社会力量参与机制

在医养结合服务模式市场化运作机制中，不可避免要涉及"产业化"问题。产业化是提供商品或服务的一种方式，与福利性和政府的兜底性保障并不矛盾。促进社会事业产业化，不是政府在公益性社会事业的发展上推卸责任和义务。相反，正是因为一部分社会事业的产业化，才使政府有可能腾出那部分精力和财力更集中地投入到公益性社会事业的宏观运作上，让公民福利得到更大的满足。在现阶段的国情下，老龄问题是整个社会需要面对的问题，单一强调某一个别主体的作用来满足日益增长的医养结合服务需求是不现实的，必须调动各方面的积极元素，整合多方服务主体的资源，使其各自承担不同的职责与任务，需要将政府、公益组织和营利组织等多方主体有机结合起来，充分发挥各个方面的积极性和主动性来解决这个老龄化带来的难题。

3. 针对服务对象特点实施

医疗服务的对象区别于普通养老机构服务所有老年人，主要为残障老人、慢性病老人、易复发病老人以及绝症晚期老人提供养老和医疗服务。这几类老人对于养老服务的共性需求是持续的良好的医疗服务，同时，这几类老年人群也有不同的需求方面，当医养结合服务模式基本构建完成时，每个地区可以考虑分类建设医养结合服务机构，更有针对性地满足不同类型老年人的医疗需求。

4. 明确医养结合服务机构的服务内容

医养结合服务机构作为养老机构的一种，毋庸置疑的是必须达到民政部门制定的养老机构准入标准。当然，医养结合服务的内容以基本养老服务为基础，以医疗服务为重点。在做好老年人生活护理服务、精神慰藉服务的基础上，着重提高医疗诊治服务、大病康复服务、临终关怀服务的质量。作为一种具备医疗的特殊服务机构，其医疗资质水平应该达到一定的规模程度，不能是具备吃药打针等简单的医疗服务即可，医养结合服务机构的医疗水平最终目标应该达到一级医院以上的水平，这样才能解决慢性病老人、大病康复老人、绝症晚期老人的医疗需求，真正发挥出医养结合的服务功能。具体来讲，就是要具有健全的科室和全面的诊疗项目。从软件方面来讲，就是要具备足够数量的有资质的、受过专业训练的医师和护士；从硬件方面来讲，就是要有足够的空间、房屋设施和相当水平的医疗器械。

5. 制定统一的医养结合服务机构的准入标准

各级卫生主管部门依据自身的职责，按照行业特点，建立制度标准，确保规范运营，将是医养结合服务模式得以大范围推广的助推剂。医养结合服务机构是具备医疗功能的养老服务机构，因此各级民政部门和卫生主管部门应该建立健全相关法规，设立监管制度，在发挥自身监管主体的责任的情况下，也要鼓励社会各界对标准和规划实施进行监督。同时加快出台和完善相关服务标准、设施标准和管理规范，抓紧制定因病托老机构的建设标准，建立等级评定制度及评估制度，进而制定医养结合服务机构的准入、退出机制，规范医养结合服务市场行为。这一系列准入标准的制定和实施才可以使该模式顺利平稳地推进、推广。

（二）完善医养结合服务模式的实现方式

1. 在养老机构中设立医疗机构

我国现在的养老机构一方面提供的床位数相对于老年人的需求、相对于国际标准还有很大的缺口，另一方面床位的利用率却不能让人称道。一个非常重要的原因就是，现有的养老机构在满足残障老人、慢性病老人、易复发病老人以及绝症晚期老人等特殊老人群体的医疗需求方面表现欠缺。因此，应该根据《关于进一步鼓励和引导社会资本举办医疗机构的意见》（国办发[2010]58号）精神，在符合准入条件的基础上，鼓励和引导社会力量在养老机构中创办医疗机构，以满足城乡老年人多层次、多元化的医疗护理服务需求。地方政府卫生行政部门要确保落实优惠政策，确保非公立和公立的医养结合服务机构享受同等待遇。

2. 部分医疗卫生机构转型为医养结合服务机构

充分利用现有的医疗卫生资源，特别是对城市已经过剩的公立医疗资源进行整合，将部分一级或二级医院（包括厂企医院）进行结构和功能调整，直接转型为老年康复院、老年护理院等医养结合服务机构，明确其为老年患者提供长期医疗护理等服务的功能和任务，完善所需的房屋设施和器械装备，并加强医务及护工人员的培训。

3. 养老机构和医疗机构近距离规划，合作服务

有条件的养老机构和医疗机构达成合作协议，当养老机构的老年人突发疾病、大病时，可以第一时间到相近的医疗卫生机构得到专业便捷的救治。或者养老机构担当医疗卫生机构的病房功能，医疗卫生机构的医师和护士到养老机构对患病老人进行医治，免去老人的奔波之苦。这种情况实现的前提条件是养老机构和医疗机构位置非常相近。这就要求政府部门在对医疗卫生机构和养老院进行发展规划时要有超前意识，把合适的、有结合意愿的机构规划在一起。同时，有结合意愿的机构也要进行积极地努力，请求政府部门对于两种机构医养结合服务进行支持。

4. 以数字化健康管理为核心，全面推进医疗养老信息化进程。"医养结合"，核心价值是健康管理。随着科技的高速发展，数字化健康管理可以为老人提供实时的健康管理服务，为医护人员提供在线远程医疗服务平台，为卫生管理者提供健康档案实时动态数据，并将三方有机结合在一起。这在一定程度上将大大缓解"医养结合"过程中医护人员不足、医疗资源过度使用等问题，并极大地推动"医养结合"模式的有效实现。一是发挥智能IT服务作用，打造具有医养特色的健康管理系统。可涵盖自我健康管理（健康教育、健康记录等）、健康监测（包括健康指标监测，如血压、血糖、血氧、心电等，智能健康预警，查看健康档案，查看健康常识与健康指导等）、远程医疗协助（包括用药指导、膳食指导、运动指导、慢病病例等）等，实现对个体健康的全程监控。二是加快建立老年人电子健康档案。三是组建"医养结合"信息库，统一标准、统一规范、统一管

理，将老年人信息系统与医疗系统的预约诊疗系统、双向转诊系统、远程会诊系统和健康档案相整合，逐步实现电子信息的调阅、共享功能，并向社会定期公布医保支付额度、均次医疗费用等核心数据，在全社会的监督下不断完善诊疗行为和医保基金的使用效率。

第四节 新兴技术对养老服务以及产业的影响

通常的养老方式，主要有家庭养老、社区居家养老和机构养老等几种。入住养老院或类似的公办、民办的养老机构，称为机构养老；由政府主导或政府支持社会组织开展的，为社区老年人提供公益或半公益的便民服务，例如日间照料、爱心送餐、陪伴就医、心理关怀等，让老人就近获得社区的养老服务，这就是社区居家养老；而家庭养老，就是指老年人在家庭安度晚年、享受天伦之乐，有自我照顾能力，又有晚辈关心，当然这是比较理想的方式，也是符合绝大多数老年人传统观念的。从当前的总体情况看，机构养老和社区养老目前覆盖能力尚不足3%和7%，家庭养老则占到90%以上的比例，有的地方提出"9073"养老模式（即家庭养老、社区养老、机构养老人数分别占90%、7%、3%），就来源于此。

我国65岁以上人口占人口总数预计2020年将接近11.7%，达到1.7亿。未来10年独居老人数量也将呈爆发性增长。随着人们生活水平的提高，老年服务需求逐渐发生改变，不再局限于一般的家政服务和生活照料，高质量的护理保健成为发展趋势。智能化养老的概念随之出现。

一般而言，智能化养老就是利用物联网技术，通过各类传感器，使老人的日常生活处于远程监控状态，以维护老年人生活的安全和健康。其核心在于用先进的管理和信息技术，比如传感网、3G移动通讯、云计算、WEB服务、智能数据处理等IT手段，将老人、政府、社区、医疗机构、医护人员等紧密联系起来。

目前社区（居家）养老已经成为欧美、日本等发达国家养老的主要方式，世界各国（也包括我国）的老人住在养老院养老的只占很小的比重。因此，安排好居家和社区养老的社会服务，使老年人生活得更为健康、舒心、方便，是政府解决好养老问题的关键。

相关研究表明，目前国内物联网产业发展迅速，但是深入挖掘养老产业商机的企业并不多，大多数安防企业还没有对这一产业给予重视。相对而言，新创企业对这一市场表现出更大的兴趣。早在2009年，智能化养老概念刚出现不久，就激发了一股创业热潮，一批新创企业争相进入这一市场淘金。

家庭养老作为一种最传统也是目前仍然最为普遍的养老方式，现实却面临着一系列的困境。居家、社区养老（分散养老）有它的优缺点，养老院式养老（集中养老）也有它的优缺点，作为互补而不能共存的两种模式，有什么更好的办法使现在的老年人享受更好的养老服务吗？答案是肯定的。智能居家养老作为一种新兴的养老模式，结合了以上两种模式的优点，并利用物联网技术，成为养老服务业中最有竞争力的一种新模式。

一、智能化养老概要

智能化养老即"智能居家养老"（smart home care），它是新近流行的一种养老概念。最早由英国生命信托基金会提出，它们称其为全智能化老年系统，即老人在日常生活中可以不受时间和地理环境的束缚，在自己家中过上高质量、高享受的生活。智能居家养老系统采用电脑技术、无线传输，智能感知、识别技术等手段，在居家养老设备中植入电子芯片装置，让老人的日常生活（特别是健康状况和出行安全）能被子女远程查看，安全信息能被远程分析并提供健康安全报告。

智能化养老系统基于物联网技术，在居家养老设备中植入电子芯片装置，然后在无线传输和远程的健康监视和管理团队的帮助下，来达到比养老院更安全更省力更省钱的目的。

我国老龄化社会的到来与养老服务智能化

进入二十一世纪以来，我国正在步入深度老龄化社会。到2013年年底，全国60岁以上老年人口为2.02亿，占总人口的14.9%。未来20年是中国老年人口增长最快的时期。2033年前后将翻番到4亿，平均每年增加1 000万，最高年份将增加1 400多万。北京市老龄办发布的数据显示，二十一世纪中叶，60岁以上人口将达到峰值4.87亿，占总人口的比重由目前的14.9%上升到2053年的34.8%。京沪等大城市的老龄化程度远远超过全国平均水平。

老龄化社会的到来意味着人口结构的巨大转变，将对于我国经济、政治和社会发展产生广泛而深远的影响。我国人口老龄化的过程是在社会保障制度不完善、城乡和区域发展不平衡、传统家庭养老模式弱化的形势下发生的，老龄化程度超前于经济社会发展程度，使得我国老龄服务存在巨大缺口。我国人口老龄化具有如下显著特点：未富先老、未备先老、孤独终老。尽管快速老龄化使得我国社会保障制度和养老服务体系面临着严峻考验，但是也为老龄事业和为老服务产业带来了发展空间。

近年来政府出台了一系列规划，尤其是2011年9月和12月国务院相继发布了《中国老龄事业发展"十二五"规划》、《社会养老服务体系建设规划（2011—2015）》，确立了大力推动居家养老，发展老龄服务产业的总体发展方向和思路。随着计算机和互联网为基础的物联网发展，为老服务也正在转变着传统的服务模式，有助于老龄服务产业的发展与升级，推动了信息化时代养老服务迈向智能化。概括说来，智能化养老就是运用智能控制技术提供养老服务的过程。或者说，智能化养老是以互联网、物联网为依托，集合运用现代通信与信息技术、计算机网络技术、老年服务行业技术和智能控制技术，为老年人提供安全便捷、健康舒适服务的现代养老模式。这些实践表明，借助科技创新的力量，有助于老人更为独立自主地生活，为老年人提供更为有效的辅助，确保老年人能够在家和社区里享有独立和尊严的老年生活。这与世界范围内近年来"积极养老"和"在地养老"的理念和实践一致。

基于新技术的创新，尤其是信息通信技术的迅速发展，老年人开始使用手机、电脑和网络。通过这些技术，老年人可以在家中接受生活辅助、健康管理、医疗护理等各种服务，使得老年人安全地在家中生活，延长老年人居家养老的时间。

（一）智能居家与生活辅助

随着物联网和互联网技术的发展，智能居家在计算机科学、工程学、医学等学科领域合作推动下获得极大进展。有专家认为，智能居家一般用来指通过电子控制实现安全和便利的现代住宅，基本上配置了先进的自动系统，实现不同的预先编程设定功能。数字时代智能居家应具备五个基本特征：自动化（自动调节设备或自动功能）、多功能性（拥有不同功能和产生不同效果）、适用性（调整来满足使用者需求）、交互性（与用户互动，并允许用户之间互动）、效率（节省时间和成本、方便的功能）。

近年来，英、美、日等国发起了数项为老年人的智能居家技术应用项目，旨在减少老年人的依赖程度，增加老年人的安全。佐治亚理工大学作为实验研究设计的感知屋，在住宅中利用感知设备、分散式运算环境及网络，对于室内情景的感知及活动的辨识（包括身份、位置、活动、姿势、表情、声音），来协助老年人的生活、安全、健康、通信，并有主动式个人化温湿度控制及紧急呼叫救助系统。

围绕着居家生活的智能化，产生了为不同目标服务的一系列技术。主要包括生理监测、功能监测、紧急状况探测与反馈、安全监测和辅助、社会互动监测与辅助、认知与感知觉辅助技术。智能居家技术当前有助于老年人继续居家生活，也有助于那些身体功能受损、行动受限和失能人群。这之中最主要的是家中的传感器，它是监测摔倒、移动和穿衣、梳洗、做饭等日常活动行为的有效方式之一。传感器也在家庭娱乐系统、暖气和冷气、洗衣机和电饭锅等家用电器的控制等方面发挥重要作用。

（二）安全监测和定位服务

随着老年人身体功能退化等各项指标的变化，跌倒成为老人日常生活中的重要风险。根据世界卫生组织提供的数据：跌伤是世界各地意外或非故意伤害死亡的第二大原因，全世界每年估计有42.4万人因跌伤而死亡，其中80%以上发生在低收入和中等收入国家。在致命的跌伤中，65岁以上成年人所占比例最大。基于网络的远程安保系统、远程传感器和安全装置能帮助老年人独立生活和安全，尤其是可以预防跌倒和跌倒监测、异常情况管理和移动测量。

随着人的老化进程，老年人群精神障碍疾病开始增多。如痴呆症是一种慢性或进行性综合征，通常是认知功能（即处理思想的能力）出现比正常年老过程更严重的衰退，它会影响记忆、思考、定向、理解、计算、学习、语言和判断能力。认知能力损伤通常伴有情感控制能力、社会行为和动机衰退。根据世界卫生组织的报告，全世界有3 560万痴呆症患者，其中一半以上（58%）生活在低收入和中等收入国家，每年新增病例为770万。据预测，痴呆症患者总数大约每20年翻一番，到2030年将达到6 570万，到2050年达1.154亿，《柳叶刀》杂志的报告称，2010年中国有919万人患有痴呆症，其中阿尔茨海默症患者为569万。目前针对老年人的定位服务，如智能腕表等设备，可以通过GPS定位、紧急救助按钮等功能，减少老年人走失的概率，同时也减轻了家人等照护者的压力。

（三）机器人与辅助技术

身体功能的下降、疾病的出现都会给老年人独立生活带来障碍。大量的研究结果已经表明，机器人技术现在可以协助老年人或者有肢体残疾的人。三分之二的研究关注的是能在家协助老年人或者残障人士下肢进行活动的技术，大多属下肢"外骨骼"技术。这些设备安装在肢体外面，而非通过外科手术安装在身体内部。这些技术可以帮助人们从一个地点移动到另一个地点。其他协助步行或者移动的技术包括机器人步行器和机器人引导系统。如日本研究团队开发的机器人步行辅助系统，能够自动控制步行中的步伐频率，其意在通过这个系统量化步行练习的效果以及社区居住的老年人群中步行时的葡萄糖代谢情况。

机器人技术虽然已经在老年产品和服务的研发中占据重要位置，但是由于其技术难题、成本高、实际应用的缺乏等原因，很难大规模应用。科学家注意到大量研究由于技术本身具有严重的实验室倾向，这些研究方法部分表明技术规模大且复杂，因此不适合在家中使用。如使用运动触觉回馈系统进行上肢训练，目前仅仅局限于纯技术层面，在家庭环境中对于很多老年人来说很难使用。目前关于机器人的研究中还没有关于设备成本的研究，也没有研究对设备进行大量生产的可行性，显然这些障碍都使得部分与机器人相关的辅助技术和设备还处于实验室阶段。

（四）远程医疗和健康管理

老年人生理功能退化和慢性病的出现，对于医疗服务的需求增多。对于医护人员来说，虽然给老年照护的大部分远程医疗文献都集中于心血管疾病和糖尿病等慢性疾病，但是仍然有少部分研究调查了关于心理健康的问题，着眼于总体的生活质量的智能技术。这些监测主要是相关的生命体征（体温、脉搏、呼吸和血压）、肺活量、血糖水平、心电图和身体体重。目前主要利用的技术是家庭计算机系统、移动电话、平板电脑或者专门的远程监控仪器，在日常生活中可以监测到这些参数。这些数据通过网络传输给远端的临床医师，如医疗卫生机构、医生或者私人诊所。总体来说，这些技术能够让个人在医疗专业人员的培训下独立使用。未来这些设计和技术应该能够方便地安置在老年人的家中，用以监测来满足他们现有的以及将来的需求，不过如何去改造更加适用于老年人群可能有待于进一步研究和实验。

因此，相对于医护人员等专业技术人员而言，老年人群等普通用户对于远程医疗设备的可用性是未来研发领域中的关键。现有的研究文献已经表明，智能药盒之类的远程医疗设备的技术可以用来协助用户管理一系列的健康状况，如心脏病、呼吸系统疾病、抑郁症、背痛、戒烟、压力管理、糖尿病、酗酒和耳鸣。技术也能用来促进积极健康的行为，如减肥、增加体力活动、使用防晒霜以及及时服药等等。对于这些医疗设备的个人用户使用来说，更多地受到用户的身体状况、生活样态、居住环境等多维因素的影响。值得注意的是，已有的小规模实践表明，依托科技的远程医疗护理服务发挥着重要作用。研究表明，基于网络的团队服务对于患有抑郁症老年人的整体护理有着明显的改善作用。

（五）虚拟现实和游戏

虚拟现实是利用电脑模拟产生一个三维空间的虚拟世界，提供给使用者关于视觉、听觉、触觉等感官的模拟，让使用者身临其境，可以及时、没有限制地观察三度空间内的事物，涉及计算机图形学、人际交互技术、传感技术和人工智能等领域。基于虚拟现实和技术的服务，如何跟老年人的生活照料与辅助等服务相结合，虚拟现实和游戏技术的应用专注于研究和发展多模式的技术、疗法项目，设计用来特定身体活动受限（如姿势和平衡、灵巧的操作、整合轮椅移动的功能行为）的情况下，提供了独特的机会来解决《国际功能、残疾和健康分类》（ICF）界定中相关的不同领域，尤其是身体功能、结构水平损伤的不利背景下（例如基于游戏为特定目标和积极增强能力的锻炼）、在活动能力的层面上（如基于游戏改善步行功能的身体锻炼）以及居家和社区参与层次上的（如玩游戏时增加家庭和社会互动）。

近年来有许多研究将其运用到老年康复服务的研究中来，将近三分之二的中风患者手臂无法运动，生活质量降低。传统的康复疗法不太有效，有时甚至是延迟后果。虚拟现实技术是可以应用于神经康复的创新辅助治疗。

（六）社会联系与心理关爱

进入老年期以后，老年人社会角色的转变，使得老年人群的心理也发生一些变化，主要表现在感知觉、记忆力、智力、情绪和性格等多个方面，因此也需要更多的社会参与和心理关爱。

总之，对于与为老服务相关的科技成果的研发，已经成为全球一个重要的研究领域，并且形成了计算机科学、医学、心理学、老年学等学科共同合作推进的阶段。这一系列智能技术已经在一定程度上有效协助了老年人居家和社区中的安全和生活，尤其是智能居家、促进体力和锻炼的科学技术、跌倒的预防和监测、自我的健康管理等等。尽管也有相当部分还处于实验室研发和试用阶段，但是已经构成了很好的研究和实践基础。

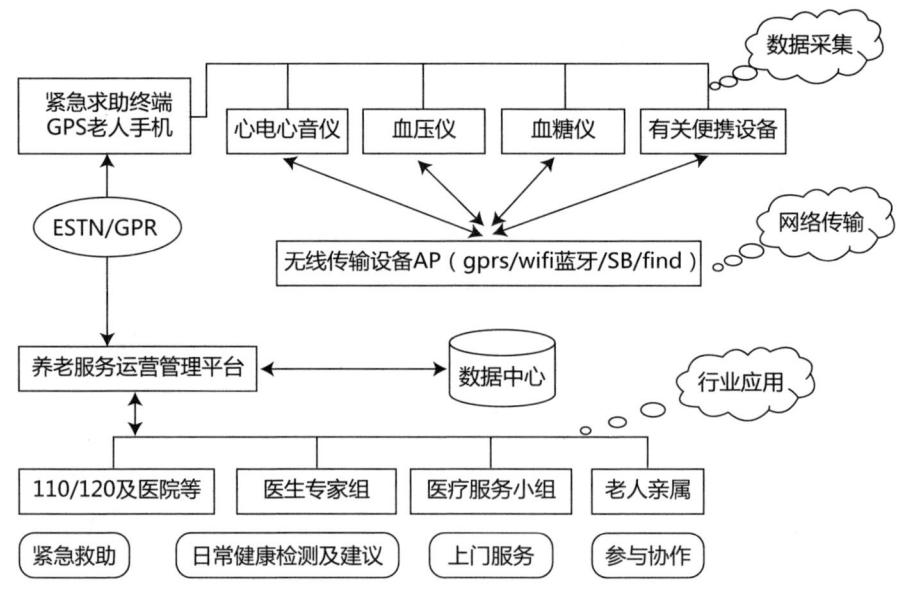

图35 智能化养老服务平台

资料来源：建投研究院

三、智能化养老的作用

（一）远程监控老人的生活

如果老人走出房屋或摔倒时，智能居家养老系统中的老顽童手表设备能立即通知医护人员或亲属，使老年人能及时得到救助服务；当老年人因饮食不节制、生活不规律而带来各种亚健康隐患时，智能居家养老设备的服务中心也能第一时间发出警报；智能居家养老设备医疗服务中心会提醒老人准时吃药和平时生活中的各种健康事项；如果灶上烧着东西却长时间无人问津，那么安装在厨房里的传感器会发出警报，如果报警一段时间还是无人响应的话，这时候煤气便会自动关闭；老人住所内的水龙头一旦24小时都没有开启过，那么报警系统就会通过电话或短信提醒老人的家人。最重要的是，智能居家养老可以在老人身上安装全球定位系统，子女再也无须担心老人外出后走失。

（二）监测老人的健康状况

智能化养老能全方位监测老人的健康状况。比如手腕式血压计、手表式GPS定位仪等，不仅能随时随地监测老人的身体状况，也能知晓他们的活动轨迹；通过给家中的厕所进行改装后，系统便会自动监测老人的尿液、粪便等，这样一来，老人在上厕所的同时，也完成了医疗检查。系统监测到的数据将直接传送到协议医疗单位的老人电子健康档案，一旦出现数据异常，智能系统会自动提醒老人及时体检。

（三）充当老人的"隐形伴侣"

如果老人想休闲休闲，系统会告知老人当天的电视节目、社区开展的活动等内容；如果家中房门上安装了娱乐传感器，老人进门时，便会自动播放主人喜爱的音乐，并适时调节室内暖气和灯光。

智能化养老服务系统平台包含：老人、民政局、街道办、社区服务中心四个业务角色，民政局、街道办、社区服务中心通过专用网络建立高效联动机制。

根据社区内老人的情况，为加入社区呼叫系统（以下简称入网）的老人发放老人专用手机或其他呼叫中心养老平台终端，并将采集到的老人档案信息上传于系统内。当老人通过手机固定一个拨号键拨打"养老服务中心服务统一电话号码"时，服务中心座席电脑上就会弹出老人的信息。

四、智能居家养老的优势

（一）智能居家养老让子女或监护人省力省心

儿女上班的时候，可以通过智能居家养老的服务中心及时掌握老年人的安全状况，并且还能让老人在不用反复颠簸于医疗卫生机构和家庭的情况下享受更多的医疗服务。因为心跳、血压、血氧、体温的24小时监测，并且如果有意外发生，老年人只要按下一个键，就能传输到服务中心和子女，最快地得到帮助。（身体不适，迷路，需要其他服务。）给子女省的心力不是一点半点。

（二）智能居家养老相对养老院更加温馨，给老人更多的自由度

家庭对老年人来说，是一辈子的归宿，更有安全感。而且各种仪器不用整天挂在身上，老年人享有最大的自由，出去跑跑跳跳也完全没有问题。只要随身戴着GPS相联的手表，有什么情况了，一个键就能很快得到帮助，这种既安全又自由的方式是老年人最希望得到的照顾。

（三）智能居家养老低消费

别以为看到什么电脑技术、无线传输、智能感知、识别技术，就以为这东西高端得不得了，价格也会吓死人。作为一种新兴的技术，它以平易近人的价格和优质的服务，开始在中国这个养老观念比较传统的地方推广起来。当然具体的价格，根据不同的机构，标准也是不相同的。在智能居家养老服务中，你可以选择所有的服务，也可以选择你需要的服务，自由度很高，所以价格也不可一概而论。

五、智能化养老存在的问题

（一）隐私之忧

物联网智能化养老项目，就是利用物联网的技术，把老人的情况通过各类传感器告知家人，其实也在一定程度上"收集"着老人的隐私。

这个问题并不是物联网技术之过，而是一个发展方向，也正是物联网技术所擅长的领域。例如，气象卫星可以告诉我们所在城市的气象信息，可是要精确到一个小区的气象，卫星就没有办法办到了。物联网技术着眼小处，解决的是"微环境"问题，它不管一个城市怎么样，但它能精确地发现城市内街道、小区和楼宇的细微改变，甚至个人的健康状况，都能观察得一清二楚。没有电脑没有互联网没有电话的时代，或许隐私较易于控制，但你现在能适应没有电脑没有互联网没有电话的生活吗？而且将来通过手段可以避免过多的隐私泄露。比如说制定一系列的法律法规，来保障大家的隐私方面的安全。

（二）技术之坎

这里指的物联网的技术瓶颈。"缺乏物的成分感知"，也是智能化养老中目前比较难以解决的问题。

现在智能化养老是通过传感器传输的，只是一些简单数据，像血压、血糖。处理这些数据，物联网已是没有压力的，但是如果想要再进一步甚至"未卜先知"，对老人的疾病起到预警作用，则很难完成，毕竟在科学上还没有达到这个高度，因为这涉及到大量遗传基因的比对和计算。

（三）智能局限

这里主要是指不能忽视养老服务和心灵呵护的任务，智能化养老只是隐性陪伴，老人的物质需要很少，更多的是心灵需要。人性的关怀才是最终目的，在老人最无助的时候援手相助，是社会的职责。

（四）盈利模式

目前智能化养老尚处于初级萌芽阶段，没有出现非常明确的商业盈利模式，需要不断结合智慧城市、智慧家居建设进程加以探索。智能化养老，是积极应对人口老龄化的必然选择。

如何让每位老人活出精彩、发挥潜能、贡献社会和自身价值，根据他们的特长运动、才艺、爱好来选择智能化工具产品，或独特设计智能化产品，这种智能化产品还要尽量个性化。

智能化不仅体现在养老住所内外环境、个人生活上，还要体现在社交、潜能发挥、个人爱好等的结合上，让智能化无孔不入，这才是立体的多维度的智能化，一旦把这些智能化以产品形式推广到市场，就会成为智能化养老的盈利模式。

六、我国智能化养老的展望与建议

近年来，国家加强了对于养老服务业的规划引导和政策扶持，在推动养老服务信息化建设方面展开了有益探索。在《中国老龄事业发展"十二五"规划》和《社会养老服务体系建设规划（2011—2015）》中，特别指出"加强养老服务信息化建设，依托现代技术手段，为老年人提供高效便捷的服务"。民政部从2011年起就在中西部地区12个省21个城市启动了社区为老服务建设项目试点工作。项目旨在搭建社区照顾的信息化平台，完善居家养老服务网络，培育扶持社区为老服务组织，以社区养老服务设施为依托，以信息网络技术平台为支撑，促进为老服务更加便捷、高效、低廉、规范、优质优惠地提供给有需求的老人。这些项目仍然还处于试点阶段，还没有特别成熟的经验和案例总结出来。

在国家政策的支持和引导下，若干企业将老年科技产品和服务的开发作为重要方向之一，出现了一批为老服务信息平台解决方案提供商、针对老年群体智能居家和生活辅助的终端设备供应商等。随着物联网技术与产品的不断丰富、宽带无线网络设备成本的不断降低，覆盖家庭、社区的无线通信能力已经不是技术问题和成本问题，居家养老服务所特需的信息化装备已经到达了可以提供完整、有效的解决方案的阶段。基于科技的老年产品和服务，仍然需要以我国老年人群的特征和需求为主，最终与老年人所居住的社区相结合，提供老年友好型的产品和服务解决方案，推动整个养老服务产业的发展。为此提出如下对策和建议：

（一）加强智能化养老服务系统和体系的建设

人口老龄化需要全社会长期的关注。除了依靠不断完善养老制度，更应当运用最先进的科学技术，保障老年人的生存环境，改善老年人的生活品质。这不仅有利于提升老年服务的水平，让更多老年人分享科技进步和社会发展的成果，也有助于政府积极应对老龄化带来的挑战，推动政府改善民生和创新社会管理。

从上面的介绍可以看出，智能居家养老是需要社会各方共同努力的，只有形成一套完善的智能居家养老服务体系，才能实现其真正的目标。

智能居家养老服务体系的建设，可采用"立足家庭、社会支撑、政府兜底、市场运行"的基本思路。

立足家庭、社会支撑，这是面向相对健康、具备基本生活自理能力且能得到家庭照顾的居家老人群体。这类老年人，在享受居家生活和天伦之乐的同时，需要更进一步的安全、健康和生活质量的保障，因此通过智能居家养老方式，让子女和家庭能随时随地关心和照顾，能够解决其居家养老的基本需求。但相对比较专业的健康医疗、生活服务、紧急救援、心理咨询等服务需求，一般家人难以提供，这就需要社会力量来支撑。

政府兜底、市场运行，应该针对不同年龄阶段、健康状况和生存状态的老人，针对共性或个性的养老服务需求，明确服务保障的责任主体。对于失能、半失能、失智、孤寡、残疾以及经济特别困难等特殊老人群体，除了依靠政府之外，几乎是老无所依，所以这个群体，应该由政府来兜底。政府可以通过建设智能居家养老服务平台，或者购买专业机构或企业提供的智能居家养老服务，为这个特殊群体提供服务；另外也可由地方出台政策和财政支持，针对所有65岁以上的老年人，统一提供标准的社区居家养老服务，满足老年人养老生活的一些共性需求。近两年，各地政府更加重视应对养老问题、根据具体情况实施了一些养老服务的民生工程，这都是体现政府责任、兜住底线的行动。但是，居家养老服务，面对庞大的老年群体和多样的服务需求，政府能做到兜底就已经很不容易。对于大多数老人的居家养老服务，立足家庭、部分依靠政府惠民或志愿机构（公益服务）、部分依靠社会力量（付费服务），是目前比较合理的选择，这也是能够将智能居家养老服务进行持续市场化运行的基础。

随着我国人口老龄化进程加快，越来越多的人们已经认识到智能居家养老的重要性和现实价值，对于尊崇传统孝道文化和更向往享受天伦之乐的老人们，也更容易接受居家养老的信息化、智能化变革，所以，智能居家养老的服务需求将迎来爆发式的增长，对于从事养老服务信息化系统建设和互联网、手机应用开发的企业，对于从事老年护理、家政、健康、生活等传统服务的企业，对于从事老年人智能穿戴设备和便捷健康医疗设备等研发生产企业，都将面临很好的发展机遇。当然，智能居家养老的进一步发展和成熟，还需要从服务模式设计、服务体系建设、服务资源整合、服务系统优化、智能设备研发等方面不断深入探索和实践，还需要社会各方和产业链各个环节的长期、持续的共同努力。

（二）在信息化建设中强化老龄服务功能

加快推动养老服务标准化和信息化建设以及相关领域的行业、技术标准。只有规范和有效的技术标准，才有可能引导整个养老科技产品和服务走向成熟，才能扩大产品的应用和推广，由此促进整个产业链的形成。

2014年10月我国第一个智能化养老技术标准——《全国智能化养老实验基地规划建设基本要求》发布。该《基本要求》规定了智能化养老实验基地的规划建设的范围、规范性引用文件、术语和定义、总则、用地和选址、基地规划要求等方面的要求，适用于新建的供老年人使用的智能化养老实验基地的规划建设。针对全国智能化养老实验基地六大智能系统设施：建筑智能化设备中心、健康管理中心、老年照护中心、文体服务中心、生活服务中心、物业管理中心，《基本要求》从老年需求角度出发，层层细化分解，逐项落实到位，使居住环境更加人性化，适合大多数老人需要，并且具有安全、高效、舒适、便利和灵活等特点，不仅实现人的健康状况预测并及时提醒或介入干预，以达到智能化健康管理的目的，并采用先进的信息采集和统计技术，为老年人提供符合标准的照护服务。同时，根据老年人自身情况和喜好、需求，智能调整文化服务内容，让老年人享受到丰富多彩的精神文化生活；智能分析老年人需求并安排老人日常饮食、出行、起居及其他生活需求。最后用物联网技术，采用自动化装备和陷阱的信息通信与处理设备，为老年人提供及时、方便、高质量的物业管理服务。

（三）加强智能化养老相关的科研工作

首先是研究制订科技养老服务标准和规范。借鉴国内外先进经验，研究制订科技养老的服务标准、操作规程，并建立更新机制，引导和规范这一领域科技创新和产业发展方向。

其次是制定激励政策，吸引科研机构和企业在社区建立实验基地，为深入研究老年人需求、服务体系、配套政策及转化科研成果提供平台，推动科研与实践结合，促进大量能够切实满足老年人需求的科技成果在我国持续涌现和得到转化。

最后是在老年服务科技的研发中，必须以挖掘老年人的实际需求为根本，并且在研发过程中引入服务工程领域最新的研究方法，引导老年人积极参与到产品和服务的研发中来，才能真正达到具有可用性，也才能够在未来得到大规模推广和应用。

根据《2013年国民经济和社会发展统计公报》数据，2013年年底全国60岁及以上人口为2.02亿，占14.9%，其中65岁及以上人口为1.3亿，占9.7%，按照老龄化评判标准，我国已成为人口老龄化国家，由此可见，我国面临严重的人口老龄化趋势。人口老龄化会直接导致劳动力资源减少，计划生育制度下的中国独生子女们在组建自己的家庭后，会发现要承担起更重的子女义务，因此健康老龄化既可以减轻青壮年劳动力的养老负担，同时健康的老年人也是推动社会进步宝贵的人力资源和资本。

2014年6月，国家发改委等14个部门《关于印发10个物联网发展专项行动计划的通知》要求，在北京市第一社会福利院、北京市大兴区新秋老年公寓、河北省优抚医院、江苏省无锡市失能老人托养中心、河南省社区老年服务中心中州颐养家园、安徽省合肥庐阳乐年长者之家、四川省资阳市社会福利院等7家各种形式的养老机构开展国家智能化养老物联网应用示范工程试点工作。这意味着国家将通过试点示范模式推进中国智能化养老的步伐。

据相关数据表明，截至2012年年底，中国城乡养老机构已发展到4.18万家，养老床位365万张，每千名老年人拥有养老床位仅为19.7张，因此养老机构仍不是中国老年人颐养天年的主流选择。除了在一些社会养老机构推行智能化养老的概念外，从本国国情出发，居家养老仍将成为中国社会民间养老的普遍形式。

随着物联网技术近年来在国内的普及，相信物联网技术应用于中国广阔的智能化养老市场将是必然趋势，也预示着这将刺激市场产生新的经济增长点。

以国家智能化养老物联网应用示范工程为例，该工程在物联网技术应用于智能化养老方案中，主要开展了老人定位求助、老人跌倒自动检测、老人卧床监测、痴呆老人防走失、老人行为智能分析、自助体检、运动计量评估、视频智能联动等服务。从这些服务，我们可以看出，在智能化养老中，除了具备智能硬件之外，更要形成一个监控、分析、联动、解决等各个环节连贯的系统。

——物联网技术应用于智能化养老硬件产品的开发

在智能化养老硬件产品方面，除了传统的医疗设备，如体温计、血压计、心率仪等，日常的起居用品结合物联网技术后也可以被应用于老年人的生活，如检测尿糖可以借助压力感应床垫和地板，测量体温只需要穿上智能拖鞋，通过马桶就可以检测尿糖等，这些产品除了检测、采集数据以外，还可以将数据输送到智能平台分析系统，通过分析来判断使用者的身体健康状况，并给出相应的报告和提醒，这样就大大提高了老年人对自我身体的预知和健康程度的把握。

智能化养老，其实最终要搭建的是一个系统完善的体系，健康、安全、娱乐、生活等各方面的辐射延伸和相互联系才能最终形成一个完整的生态平衡系统。例如安全方面，老年人生活区域可以安装有面部识别系统的门禁，可以将老年人本人以及周围亲友的图像、指纹等录入，这样就可以在老人忘带钥匙或者不方便自己开门的情况下自动开门。再如娱乐智能产品，可以将设计开发专门针对老年人的智能电视，操作界面简单快捷，并且可以满足购物、支付、视讯等简易操作，丰富老年人的精神生活。目前，在国内可以采购到智能化养老的物联网硬件产品的平台主要有一些综合型电商，如天猫、京东、淘宝，还有垂直类电商，如中国硅谷在线，以及一些国内知名众筹网站，如众筹网、点名时间等。

——智能化养老催生新型养老服务模式

传统的家庭养老还是沿袭了亲人照顾、请专职人员护理的模式，未来随着中国养老制度的完善，社会网络基础设施的不断夯实，老年人自身意识的提高，将会给智能化养老的发展带来新的空间，新型的养老服务模式将应运而生。以智能化养老综合体系为平台，社区为中心，老年人信息数据库为基础，以城市或地区服务热线和老年人救助终端为纽带；将公共服务、公益服务及与市民生活相关的社会保障服务资源进行整合，向老年人提供人性化的养老服务、医疗服务、社区导购、旅游指南、急救措施等多种类服务内容。

当今时代，以信息技术为核心的新一轮科技革命正在孕育兴起，互联网日益成为创新驱动发展的先导力量，深刻改变着人们的生产生活，有力推动着社会发展。坦白地说，目前智能化养老还处在初级阶段，甚至只是在萌芽状态，但是以物联网技术为基础的一系列新技术的兴起和应用，毫无疑问会对二十一世纪人类生活发展产生重大而深远的影响。技术突破后以及广泛应用将带来成本下降。据专家统计，5年后物联网将会广泛应用到我们的现实生活中，而形成一个对物联网依赖的稳定市场，则需要5—10年时间。智能化养老的路还很长。在智慧城市被国内重视和倡导的今天，智能（智慧）养老不仅仅是政府关注的民生问题，更将关系到中国普通百姓家家户户的命运，很多物联网技术的高新企业都已将这个细分市场纳入了重点开发的领域，希望科技的进步能为人类的晚年生活添上更加绚丽的一笔。

和传统养老方式相比，智能化养老构建了一座"没有围墙的养老院"，投资少，服务范围大，老人不必住在养老院中被动接受服务，在家就可以挑选、享受专业化的养老服务。由于智能虚拟养老院的网络化运作大大降低了运营成本，有望成为今后老年人养老的一种新趋势在全国推广。

据研究机构预测，"十二五"期间，中国将有600至800个城市打造"智慧城市"，市场总规模将达到2万亿元。相信随着未来的三到五年，甚至十年，智慧城市试点建设将不断深入，让智能化养老从概念到真正"落地"，以智慧服务民生，最终实现智慧中国的大目标。智慧城市建设的大船，已经扬帆起航。

结语

　　老龄化问题将深刻地影响我国。养老体系构建对于我国社会经济的发展具有重要意义。作为养老体系的重要组成部分，养老产业是我国当前经济转型当中一项重大的民生工程。我国经济转型的目的是提高经济发展的质量，而衡量经济质量发展好坏主要有两个标准：一是民生是不是得到改善；二是社会是不是更加公平、公正、和谐、稳定。从这两方面来讲，发展养老产业可以同时提升经济发展质量和社会的和谐与稳定。

　　目前我国超过60岁以上的人口已经超过2亿，10年以后将超过3亿，涉老工作关系到3亿人口以及他们所在的家庭的生活、健康、稳定、幸福。正在步入老龄化社会的我国，养老体系中政府提供的基本保障和监管服务不能缺位，但仅仅这些远远不能为民众提供足够的养老保障。经验也证明，政府大包大揽的养老体制不可持续。比如日本在进入老龄化社会过程中，日本政府实施"国民皆保险"制度，国家负担老年人大部分医疗费用。退休金、医疗费用、老人护理费用等等财源，均来自日本发行的国债。换句话说，日本老人的社会福利，现在是靠国家借钱维持的。二十世纪90年代，日本的债务水平为GDP（经济总量）的60%～70%，进入2013年已经超过GDP的200%，这对该国经济造成了重大困难。

　　养老保障与服务的全面福利化只会让公共资源的负担越来越重，最终走到国家社会保障难以为济的地步。我国政府宏观经济的一个重要政策目标，就是要使政府的公共债务水平保持在一个合理的区间。要有效地控制债务水平，实现均衡适度，就必须应对社会保障，包括养老保障与服务所产生的巨大资金压力问题，避免重蹈许多发达国家或地区因为养老保障而面临重大困难的覆辙。

从这个角度讲，构建和完善我国政府、社会组织和市场共同参与以监管服务、保障支持和产业化三个支撑为基础的养老体系，使得涉老服务基本保障和改善提高两个层次的科学均衡实现，对促进我国宏观经济长期可持续发展有着重要和深远的意义与价值。

老龄化对我们是一个挑战，但更是我国经济和社会发展的一个重大机遇。构建科学完善均衡的养老体系，一方面可以推动和促进养老产业与市场乃至整个国民经济的健康可持续发展，同时，通过构建科学完善均衡的养老体系，实现老有所依、老有所养、老有所乐和老有所为，在全社会培育尊老风尚，也是建立我们这个社会核心价值观的一个重要组成部分。

"我年轻时扛过二百多斤的麻袋，现在扛不动了，我没有什么不安，这是上苍给了我这样的豁免。"老年是人生过程的一个阶段，不夭折不短寿的人都会经历这个阶段，能步入这个阶段是人生值得庆幸和弥足珍贵的事情。

有人把人生之暮比作夕阳。当老人们用夕阳托起朝阳的时候，我们应该由衷地祝福和努力使天下老人得享晚年的平安喜乐，这是为了他们的今天，也是为了我们自己的未来。

参考文献

1. 中国社会科学院，《中国养老金发展报告（2013）》。

2. 郑功成，《论我国特色的社会保障道路》，武汉大学出版社。

3. 郑功成，《我国社会养老服务体系建设存在的主要问题及对策》，《中国经济社会论坛》杂志，2013年第11期。

4. 李伟，《我国社会养老服务体系建设存在的主要问题及对策》，百度文库。

5. 刘晓梅，《中国养老服务体系的展开与重构》，第三届全国社会福利理论与政策研讨会论文集。

6. 单大圣，《中国养老服务管理体制的改革与发展》，《经济论坛》，2011年 第9期。

7. 吴玉韶、党俊武，《中国老龄产业发展报告（2014）》，社会科学文献出版社。

8. 邢宇宙、黄晓行、刘建兵、刘月、陈廷，《养老服务智能化的现状与对策研究》，《中国高新技术企业》， 2014年03期。

9. 张恺悌、孙陆军、牟新渝、王海涛、李明镇，《全国城乡失能老年人状况研究》，《残疾人研究》， 2011年02期。

10. 民生证券，《我国亟须加快养老保障多支柱建设》，2014年9月，wind资讯。

11. 中金公司，《养老保险，成长新征程》，2014年9月，wind资讯。

12. 长江证券，《养老产业系列报告》，2014年11月，wind资讯。

图书在版编目（CIP）数据

我国养老体系完善与养老产业发展研究／邹继征著. —北京：新星出版社，2015.5
ISBN 978-7-5133-1783-2

Ⅰ.①我… Ⅱ.①邹… Ⅲ.①养老－服务业－产业发展－研究－中国 Ⅳ.①F719

中国版本图书馆CIP数据核字（2015）第091678号

我国养老体系完善与养老产业发展研究

邹继征 著

责任编辑：汪　欣
责任印制：韦　舰
封面设计：@broussaille私制

出版发行：新星出版社
出 版 人：谢　刚
社　　址：北京市西城区车公庄大街丙3号楼　　100044
网　　址：www.newstarpress.com
电　　话：010-88310888
传　　真：010-65270449
法律顾问：北京市大成律师事务所

读者服务：010-88310811　　service@newstarpress.com
邮购地址：北京市西城区车公庄大街丙3号楼　　100044

印　　刷：三河兴达印务有限公司
开　　本：700mm×1000mm　1/16
印　　张：15
字　　数：138千字
版　　次：2015年5月第一版　2015年5月第一次印刷
书　　号：ISBN 978-7-5133-1783-2
定　　价：55.00元

版权专有，侵权必究；如有质量问题，请与印刷厂联系调换。